NHK BOOKS
1252

カント哲学の核心

『プロレゴーメナ』から読み解く

mikoshiba yoshiyuki
御子柴善之

NHK出版

はじめに

誰でも新しい書物を刊行しようとする人は、その著作において何か新しいことがなされているという自負を抱いていることだろう。哲学者と呼ばれる人もまた同様である。加えて、その哲学者が自分自身の固有の哲学を――特に主著として――世に問おうとする場合、その新しさはしばしば、哲学という知的営為の新しい出発点を、すなわち新しい問いを、〈哲学の世界〉に提示するところにある。固有の哲学とは、独特の答えではなく、独自の問いをもつところに成立するものだからである。〈哲学の世界〉は、固有の問いをもつ複数の哲学から成立している。

ところが、書物は、それが刊行されたからといって、著者が望んだように読まれるとは限らない。著者自身が気づかなかった論点を、その著作から読者が取りだして論じ始めるような喜ばしい事例もあるだろうが、著者の主張が誤読される場合もある。それどころか、著者が否定するつもりで引き合いに出した主張を、著者自身の主張として読まれてしまうような、情けない事態も生じることがある。これは著者の叙述の仕方に問題があったからかもしれない。しかし、哲学者を最も苛立（いらだ）たせる〈読まれ方〉は、そうしたものではないだろう。おそらくそれは、自分が提示した新しい問いが理解されず、この著作に特に新しいものはないと断定されることではないだろうか。これは、著者の努力を顧みることなく、哲学者の自負を直接、傷つけることだからである。

『プロレゴーメナ』刊行の背景

さて、イマヌエル・カント（Immanuel Kant, 1724-1804）が彼の主著である『純粋理性批判』（初版一七八一年）を刊行した際に体験した困難もまた、そうしたものであった。今日では哲学史上の古典として名高いこの著作も、刊行直後は、期待した反応を得られず、わずかに現れた書評では誤解にさらされたのである。彼が同書の二年後に著作『プロレゴーメナ』（一七八三年）を刊行したのは、こうした状況を打開するためであったと言ってよいだろう。『プロレゴーメナ』は、『純粋理性批判』の〈問い〉を見紛（みまが）うことなき仕方で伝え、同書のかたちを〈地図〉のように要約的に提示することで、その趣旨を平易に伝えるべく執筆されたのである。さっそく『プロレゴーメナ』から一文を引用し、それを記したカントの気持ちを考えてみたい。

私が意図しているのは、形而上学（けいじじょうがく）に携わることに価値ありと思う人たちすべてに、次のことを確信させることである。それは、彼らの仕事をさしあたり中止し、これまでに起きたことをすべて起こらなかったと見なし、何よりもまず「そもそも何か形而上学のようなものがおよそ可能かどうか」という問いを提起すること、これらがどうしても必要だということである。(Ak255、中公8、岩波10)

ここでカントは、古来、〈哲学の世界〉で論じられてきた「形而上学」の営みに参加しようとする人々に、従来の営みを「すべて起こらなかった」ことにして、新たに出発し直すための地点を示そうとしている。それが、「そもそも何か形而上学のようなものがおよそ可能かどうか」という〈問い〉である。ここから、彼が、『純粋理性批判』の〈問い〉が読者に共有されていない、だから自分の哲学的営みの新しさが伝わっていない、という苛立ちに駆り立てられていたことを読み取れるのではないだろうか。

本書のねらい

本書で私たちは、カントの著作、『プロレゴーメナ』に取り組むことで、彼の意図に沿って『純粋理性批判』の問い、全体像、彼の主要な主張を理解したい。『プロレゴーメナ』とは、一見して意味不明に思われる表題だが、翻訳すれば『序説』となる。難しい意味ではない。これは学問体系の冒頭に掲げられる概説的部分のことである。したがってこの著作は、〈将来の形而上学〉の可能性を確信したカントによる、その形而上学体系に対する序説である。『プロレゴーメナ』の読解に際しては、彼が〈将来の形而上学〉に向けて、哲学の新しい問いを発していることが中心に据えられねばならない。さらにいくつかの論点を付け加えつつ、読解の視点を定めよう。

　第一に、カント自身が『純粋理性批判』の新しさを、読者に対してどのように提示しようとしているかに注目したい。それは、端的に「ア・プリオリな総合的判断はいかにして可能か」という抽象的な問いに集約される。なるほど、私たちの知識は経験によって増加するが、そうした知識には普遍性も必然性も期待できない。では経験に依存せずに、どうやって普遍性と必然性を備えた知の拡張が可能なのだろうか。これが件（くだん）の問いの意味するところである。（なお、「ア・プリオリ」については第一章で、「総合的判断」については第二章で詳しく解説したい。）今日では、たとえばクワインの有名な論文「経験主義の二つのドグマ」などを介して、この問いの有効性に対する懐疑に接した人もいるかもしれない。しかしながら、この問いと向かい合うことなくして、カント批判哲学について彼自身が意識していた新しさを取りだすことはできない。私たちは、いったんカントとともに、この問いの新しさを見定めたい。

　なお、カントが自分の哲学を「批判哲学」と称するとき、第一に意識していたのが、「現象」と「物それ自体」との区別である。「批判」の原義をギリシア語に遡（さかのぼ）って考えるなら、それは

「分ける」ことだと言われる。そのことを踏まえるなら、カントの批判哲学は「現象」と「物それ自体」とを〈分ける〉という観点から遂行される哲学なのである。したがって、私たちはこの区別に対しても、そこに新しさを見るべきものとして向き合いたい。

第二に、『プロレゴーメナ』を書いているカントは、『純粋理性批判』の執筆者であるとともに、半ば(なか)その読者でもある。**カント自身が読者でもある**ことが重要である。というのは、『純粋理性批判』には次のような有名な箇所(かしょ)があるからである。

> 日常の会話の場合でも著作の場合でもそうなのであるが、著者が自身の対象について述べているさまざまな考えを比較することによって、著者が自分自身を理解していた以上にさえ著者のことをよく理解できるということが、決して珍しいことではないということだけは注意しておきたい。(A314/B370)

『純粋理性批判』を執筆しているカントは、そこに含まれるべき多様なテーマに対峙(たいじ)しつつ、そのつど多様な説明を試みる。したがって、ときに表現上の不統一が見いだされることもないわけではない。それに対して、『プロレゴーメナ』を執筆時のカントは、『純粋理性批判』の読者としてその理念を執筆時の彼以上に把握している可能性がある。この引用文はそれを示唆(しさ)している。

もっともこれは、『純粋理性批判』の研究書は汗牛充棟であっても、『プロレゴーメナ』のそれが多くないことの理由にもなる。主著の研究を志す人はたくさんいるが、その解説書そのものの理念を把握しようと解説を試みる人が多くいるとは考えにくい。しかし、次のような事情は顧みられるべきである。『プロレゴーメナ』は、カント批判哲学を学ぼうとする人に、第一に読むべきものとして推薦される著作である。実際、筆者も十八歳のとき、先生の薦めで最初に手に取った。そして、筆者自身も今日なお若者に対して同じように勧めている。正しく入門することは、どのような分野でも大切である。だからこそ、この著作を適切に理解して、『純粋理性批判』の世界への展望をカントと共有したい。

批判哲学の今日的意義

最後に、カントの批判哲学について、その核心を理解しようとする営みがもっている今日的な意義について述べておこう。上で「批判」の原義に触れた。それは「分ける」ことである。そしてそれは、カントにとって、「現象」と「物それ自体」とを区別することだった。これを、人間に〈分かること〉と〈分からないこと〉との区別であると言い換えることができる。この後者の区別は、二十一世紀に生きる私たちにとっても無意味ではない。どんなに科学技術が発展してもけっして克服できない問題が存在するからである。

たとえば、自分の遺伝情報を完全に把握し、自分の身体がどのような病気になる可能性が高いかを知ってなお、私たちがどのような明日を生きるかは私たち次第であり、他人には、いやそれどころか現在の自分にも、完璧には〈分からない〉のではないだろうか。あるいは、情報社会の発達に伴い、私たちが従来知ることのできなかったデータをエビデンスとして入手してなお、それがどのような枠組みの内で得られたかを理解していない限り、私たちはそれを活用できない。しかし、枠組みを理解することは、その枠組みの外部があることを理解することでもあり、その外部に〈分からないこと〉が残される。他方、私たちは、多くの情報が得られる時代状況にもかかわらず、それがいかにして得られるのかを知らないで生活している。この状況は、ときに〈自分には分からないからどうしようもない〉という思いとともにひとを困惑・絶望させ、ときに本当は〈分からない〉はずのことが〈分かっている〉こととして語られることを介して、社会を混乱させる。こうした状況に対峙して、人間にとって〈分かること〉と〈分からないこと〉とを区別する批判哲学は、知をめぐる紛糾（ふんきゅう）した事態に対して快刀乱麻（かいとうらんま）を断つような視点を与えてくれるのである。

なお、読解に際して、読者のみなさんに一つのお願いをしておきたい。第一章以降、私たちは長短さまざまな引用文を参照することになる。そうした引用文を読み飛ばして解説を読むのでなく、まずはじっくり引用文と向き合って欲しい。そして、その引用文に分からないところがあるとしたら、その分からなさを抱きつつ解説文を読んで欲しい。本書の意図のひとつは、カントの翻訳を読むことに習熟してもらうことだからである。

では、以上のような論点を踏まえて、カントの著作、『プロレゴーメナ』の読解に取りかかることにしよう。

目次

はじめに　3
『プロレゴーメナ』刊行の背景／本書のねらい／批判哲学の今日的意義

凡例　18

第一章　「序文」からカントの自負を読む　19

一　哲学することにおける「生徒」と「教師」　20
哲学における教師と生徒のちがい／哲学の世界概念

二　形而上学という問題　24
形而上学はどんな学問か／形而上学に対するカントの「問い」

三　デイヴィド・ヒュームの衝撃　30
ヒュームの警告／「独断論的なまどろみ」が破られた
カントが採用した「まったく別の方向」／悟性と理性／演繹という問題
『純粋理性批判』と『プロレゴーメナ』との関係／「常識」の哲学とカント

第二章 「緒言」からカントの問い方を読む 45

『プロレゴーメナ』校訂の問題

一 形而上学の諸源泉(§1) 47

認識とは何か

二 それだけが形而上学的と呼ばれることのできる認識の仕方について(§2、§3) 50

分析的判断と総合的判断との区別/分析的判断は矛盾律に基づく

ア・プリオリな総合的判断

形而上学的認識はア・プリオリな総合的判断を含むはずである

三 形而上学の可能性を問うとはどういうことか(§4、§5) 62

独断論と懐疑論/形而上学への問い/形而上学の可能性に向けられた問い

「超越論的」と「超越論哲学」/『プロレゴーメナ』の四つの問い

第三章 「数学」がどうして可能なのかを問うてみる 75

感性論は論理学の外部

一 数学的認識からの出発(§6、§7) 77

認識根拠と存在根拠／数学的認識と哲学的認識／直覚的と論弁的

二　ア・プリオリな直観への問い（§8、§9）　82
物それ自体という問題／形式と内容との区別

三　感性の形式と数学の可能性（§10から§13）　87
純粋直観としての空間と時間／空間と時間を哲学する
純粋数学は純粋直観によって可能になる
空間と時間は物それ自体に付着する規定ではない／空間と時間の超越論的究明
不一致対称物を考えてみよう

四　正面から論駁するカント（第一部への三つの注）　98
空間が現象の形式だからこそ、純粋幾何学は客観的実在性をもつ
物それ自体が認識できないという主張は観念論なのか／現象は仮象ではない
みずからの観念論をどう呼ぶか

第四章　「自然科学」がどうして可能なのかを問うてみる　109

超越論的論理学とは

一　自然とは何か（§14から§17）　111
自然の形式面／対象としての自然／自然の二義を踏まえた、アプローチの選択

二　知覚判断と経験判断（§18、§19）　119
経験的判断と経験判断／経験判断は純粋悟性概念を必要とする
交換概念としての、「客観的妥当性」と「必然的な普遍妥当性」
純粋悟性概念の演繹に代わって
三　いかにして経験判断は可能か（§20、21、21a、22）　127
経験一般の分析――意識一般の析出／純粋悟性概念に基づく判断
三つの表が提示される／意識の哲学
四　自然科学の普遍的原則について（§23から§26）　138
純粋自然学的表の内容／「直観の公理」と「知覚の予料」
「経験の類推」と「経験的思考一般の要請」／原則の表の意義

第五章　コペルニクス的転回の射程　147

一　ヒュームの懐疑を払拭する（§27から§30）　149
ヒュームの懐疑とは何か／関係カテゴリーの機能
原因概念はどう働くか――コペルニクス的転回を遂行する
ア・プリオリな総合的判断はいかにして可能か――その答え
二　独断論の批判（§31から§35）　157

現象の根拠としての物それ自体／純粋悟性概念の超越的使用
図式と悟性体（ヌーメノン）による限界設定

三　超越論的哲学の最高点（§36から§39）　166
再び、自然の二面／主観的なものが同時に客観的なものである
悟性が自然の普遍的秩序の起源である／カテゴリーの体系について
カテゴリーをどのように見いだしたか――アリストテレスとカント

第六章　独断論的な形而上学を批判する　177

一　理念と弁証論（§40から§45）　178
形而上学の領域と純粋理性概念／内在的と超越的／理念と仮象
悟性概念と理性概念／理念を導出する仕方／純粋理性概念は「生得的」でない
三つの理念／理念の意義／超越論的理念とは何か

二　心理学的理念の問題（§46から§49）　196
実体的なものへの問い／絶対的主体は「私」ではないか／魂の持続性という問題
外界の存在証明

三　宇宙論的理念の問題（§50から§54）　205
宇宙論的理念と独断論的なまどろみ／宇宙論的理念とは何か／四つの二律背反

人間理性の稀有な現象／数学的二律背反における誤りの所在
力学的二律背反と自由の問題／自由とは何か／当為と実践的自由
実践的自由を手掛かりとして、超越論的自由を考える

四　神学的理念の問題（§55）　227
純粋理性の理想

五　超越論的理念の統制的使用（§56）　231
超越論的理念の意義／統制的と構成的

第七章　理性の限界を見定める　235

一　理性の限界と制限（§57）　236
懐疑論もまた超越的に／限界と制限はどのように違うか
限界における外と内との結合という問題／理神論と有神論――「象徴的な擬人観」へ

二　独断論と懐疑論との中間の道（§58、§59）　247
類推に従う認識／理性で世界を考える／理性による自己規制／自然的神学

三　理性の実践的使用に向けて（§60）　254
実践的原理のための領域／『純粋理性批判』における思索の態度

第八章　カント自身の「答え」を確認する　259

一　いかにして学問としての形而上学は可能か　260
『純粋理性批判』という答え／学問の前進と形而上学
蓋然性・憶測・常識と形而上学／学問としての形而上学

二　「付録」から『純粋理性批判』との向き合い方を学ぶ　269
研究してから判断しよう／「研究に先行する判断」の実例――憤慨するカント
「超越的観念論」だって？／〈問い〉の共有／「研究に後続する判断」のために
『純粋理性批判』初版へのカントの思い／理性批判と神学

おわりに　283

校閲　大河原晶子

凡例

一、『プロレゴーメナ』の原典からの引用は、次のものに基づく。日本語訳はすべて引用者による。

Immanuel Kant, *Prolegomena zu einer jeden künftigen Metaphysik, die als Wissenschaft wird auftreten können*, herausgegeben von Konstantin Pollok, Philosophische Bibliothek 540, Felix Meiner Verlag, Hamburg 2001.

二、引用に当たって、原文にある強調をそのまま引用文に反映させていない。傍点によって強調した場合、それがカントによるものか引用者によるものかを明記した。

三、『プロレゴーメナ』からの引用箇所は、次の三つの訳書の頁数で（Ak255、中公7、岩波9）のように示した。

Ak ：いわゆるアカデミー版カント全集（*Kant's gesammelte Schriften*）第四巻。

中公：土岐邦夫・観山雪陽訳『プロレゴーメナ（序説）』中公クラシックス、二〇〇五年。

岩波：篠田英雄訳『プロレゴメナ』岩波文庫、一九七七年。

四、引用に際して、前略・中略を施した場合がある。その場合は（前略）（中略）で示した。

五、引用文中に、引用者による補足を加えた場合がある。その場合は〔 〕で示した。

六、『純粋理性批判』からの引用箇所は、慣例に従い、初版（A）、第二版（B）の頁数を、（A19／B33）のように示した。

七、『プロレゴーメナ』以外の著作から引用する場合も、『プロレゴーメナ』と同様に、Felix Meiner Verlag の Philosophische Bibliothek 所収の原典を使用した。

第一章
「序文」からカントの自負を読む

『プロレゴーメナ』の読解に入る前に、邦訳について触れておこう。同書の翻訳を片手に、本書を読む方も多いと思われるからである。『プロレゴーメナ』の最初の訳書は、『哲学序説（プロレゴメナ）』として、一九一四年、東亜堂から刊行された。これは、カントの著作における最初の邦訳として記念すべきものであり、桑木厳翼（くわきげんよく）と天野貞祐（あまのていゆう）の共訳による。桑木は三年後に著書『カントと現代の哲学』の刊行を控えており、天野はやがて『純粋理性批判』の最初の完訳者として名前を残すことになる。このように、当時の日本におけるカント研究を牽引する二名によって翻訳されるという幸運を得た『プロレゴーメナ』は、その後、他の訳者たちに引き継がれながら、よい邦訳を複数生み出すことになる。たとえば、理想社版カント全集第六巻に含まれるもの（湯本和男訳）、中央公論社の『世界の名著』（現・中公クラシックス）に含まれるもの（土岐邦夫・観山雪陽訳）、岩波書店版カント全集第六巻に含まれるもの（久呉高之訳）がある。以下では、最近の訳語を採用しつつ新たに訳出する。

一　哲学することにおける「生徒」と「教師」

さっそく、序文（序言）から読み始めよう。ところが、この序文はいきなり読者をげんなりさせる一文で始まる。この一文を誤解するなら、『プロレゴーメナ』を読み進めることが困難になってしまうほどだ。

この『プロレゴーメナ』は生徒が使用するためのものではなく、将来の教師が使用するためのものである。（Ak255、中公7、岩波9）

「生徒」ではなく「教師」が使用するための著作だって？　これでは多くの読者が、自分はカントの期待する読者ではないと思ってしまうのではないだろうか。自分はカント哲学に入門したいと思って、初心者には『プロレゴーメナ』が最適だと聞いたから、この本を手に取ったのに、と。しかし、それは杞憂(きゆう)である。

哲学における教師と生徒のちがい

この文における「生徒」と「将来の教師」を正確に理解しよう。カント自身が直後にそれを説明している。

ところで、哲学（古い哲学も新しい哲学も）の歴史そのものが、自分の哲学であるような学者たちがいる。そうした学者のために、この『プロレゴーメナ』が書かれたのではない。
（Ak255、中公7、岩波9）

ここにはある種の「学者」が登場する。彼らは次のように考える。〈哲学の世界〉は、すでに二千年以上に及ぶ歴史をもっている。もう何もかも考え尽くされているはずだ。してみると、

「自分の哲学」はその個々の部分を取りだしてみれば、歴史上のどれかの哲学説に似ているに相違ない。だから、「自分の哲学」を語るとは、歴史となった他人の哲学説を語ることに他ならない、と。このような「学者」をカントは先の引用文で「生徒」と呼んでいるのである。他人の学説をもっぱら〈学ぶ者〉だからである。

他方、「将来の教師」は〈教える者〉だろうか。そうではない。なにしろ「将来の」教師なので、当人はいまだ〈教える〉立場にない。ここで『プロレゴーメナ』の表題全体を確認すれば、ことがらがさらに明確になるだろう。この書物は本当は『学問として現れ得るだろう、あらゆる将来の形而上学のためのプロレゴーメナ』という長い表題をもっている。仮に教師が「形而上学」という学問を教えるとしても、その形而上学自体が「将来の」ものとしていまだ存在しないのであり、その点で、〈教える〉ためのものをいまだもっていないのである。では、「将来の教師」とはいったい何をしている人なのだろうか。それを二番目の引用文の直後に見いだすことができる。

> このような人たちは、**理性の源泉そのものから汲み出そうと努力している人たち**が、当人たちのことがらを成し遂げるまで、待たねばならないだろう。（Ak255、中公7、岩波9、強調は引用者）

この引用文で、「このような人たち」とは、生徒（としての学者）のことである。それに対して「理性の源泉そのものから汲み出そうと努力している人たち」が対置されている。こうした人たちこそが、つまり、自分の理性を用いて努力している人こそが「将来の教師」である。このような人たちは、自分の理性を用いて、「理性という源泉そのもの」から哲学を汲み出そうとしているのである。

哲学の世界概念

この「生徒」と「教師」との対比は、『純粋理性批判』に表れる「哲学の学校概念」と「哲学の世界概念」との対比と並行的な関係にある。同書の「超越論的方法論」、第三章「純粋理性の建築術」を参照してみよう。「哲学の学校概念」とは、大学教育の一学科としての「哲学」のことであり、たんに知の体系的統一だけを目指すような学問のことである。たしかに、ひとはそのような「哲学」を〈学ぶ〉ことができる。たとえば、カントの時代の学生であれば、クリスティアン・ヴォルフ（Christian Wolff, 1679-1754）の哲学体系を学び、暗記することはできる。しかし、そのときひとは「理性の源泉そのもの」から哲学を汲み出そうとする努力をしていない。

他方、「哲学の世界概念」とは、学校の外に広がる世界・世間に生きる人間が理性的に考えるなら、決してどうでもよくない目的を促進するようなものだとカントは言う。たとえば、「ひとは何のために生きるのだろうか」とか「いったい善悪とは何だろうか」という問いが、学校教育とは無関係に、私たちを捕らえることがある。日々の雑事にまぎれて、私たちはそうした〈問い〉を問い抜くことをしないが、それを実行している人を「哲学者」と語ったりもするのではないだろうか。しかし、ここで同時に、私たちは次のことに気づく。哲学者たちはたしかにそうした〈問い〉に何ほどかの答えを与えてきたが、これで完璧な答えを得ました、これで打ち止めです、という答えを出した人はいない、と。してみると、「哲学の世界概念」で想定される「哲学」は、これまで実現しなかったし、これからも実現しないのではないだろうか。カントが、ひとは「理性にかんしては、せいぜいただ哲学することを学ぶことができるに過ぎない」という有名な言葉を残したのも、この文脈においてである。

二　形而上学という問題

さて、『プロレゴーメナ』に戻ろう。そこでは、『純粋理性批判』で「哲学」について語られたのとよく似たことが、「形而上学」について語られている。すなわち、形而上学という学問がすでに存在していると考えてそれを学ぶという態度を停止し、形而上学がそもそも可能なのかどうかを検討することが肝要なのである。（「はじめに」の引用文を参照。）

形而上学はどんな学問か

では、ここで話題になっている形而上学とはどのような学問なのだろうか。それを次の引用文を手がかりにしつつ、いささか〈からめ手〉から説明しよう。

> ほかのどの学問もたえず進歩しているのに、知恵そのものでありたいと望み、人間だれもがそのお告げをたずねるこの形而上学では一歩も前進せず、いつまでも同じ場所をぐるぐる廻（めぐ）っているのはほとんど笑止であるように思える。（Ak256、中公8、岩波10―11）

形而上学の特色にかかわる内容としては、「知恵そのものでありたいと望み、人間だれもがそのお告げをたずねる」という部分が重要である。この部分が形而上学を修飾していることから、どうやら形而上学という学問は、「知恵」という地位を占めようとするものであり、人間であれば誰でもそれに関心をもつはずのものだということが分かる。これはどういうことだろうか。

まず、「知恵」は、一般的に学問そのものではない。これはカントの晩年にゴットロープ・B・イェッシェ（Gottlob Benjamin Jäsche, 1762-1842）の手によって刊行された『論理学』（一八〇〇年）で「学問は、知恵のオルガノン（道具）としてのみ内的で真の価値をもつ」と書かれていることからも明らかである。では、学問が知恵を得るための道具として位置づけられるとして、その知恵とは何か。実は、カントが「知恵」に言及するのはしばしば道徳哲学の文脈においてである。とすると、ことがらは私たちの生き方にかかわっている。先にも触れたように、私たちはときに、自分は何のために生きているのか、という問いを立てる。これは、人生の意味への問いである。この〈問い〉に対して何らかの〈答え〉を見いだし、その〈答え〉を生き方の指針にすること、これが知恵である。

したがって、形而上学は、道具としての学問一般のあり方を超えて、私たちの生き方に指針を与えることに資するような学問である。それにしても私たちが、自分は何のために生きているのか、という〈問い〉を抱くのはどのような場合だろうか。それは、自分の人生に限りがあることを意識したとき、あるいは世界の無常を意識したときではないだろうか。後者の意識は私たちに、そもそも世界はなぜ存在するのか、という〈問い〉をも問わせることになるかもしれない。このような問題意識は私たちを、自分が見たり聞いたり触ったりしている領域（形而下の領域）から、見ることも聞くことも触ることもできない領域（形而上の領域）へと連れ出す。これはフィジックス（自然学）の領域からメタ－フィジックス（超－自然学）の領域への移行である。かくして、私たちは移ろいやすい世界を超えたところに移ろわざるものを考えることになる。ここに「形而上学（metaphysics, Metaphysik）」と呼ばれる学問が成立するのである。

形而上学に対するカントの「問い」

もちろん形而上学は人生論・人生訓などではない。目に見えるものを目に見えるがまま受け取ることに疑いを抱いた人が、ひたすら考えることで突きとめようとする、究極のことがらにかんする学問である。こうした哲学的営みは、古代ギリシアのアリストテレスが「第一哲学」と呼んだ学問を嚆矢とし、カントに先行する時代には、先述のヴォルフやアレクサンダー・G・バウムガルテン（Alexander Gottlieb Baumgarten, 1714-1762）によって次のように体系化された。すなわち、存在論としての一般形而上学、自然神学・心理学・宇宙論からなる特殊形而上学である。なお、カントは一七七〇年にケーニヒスベルク大学における論理学・形而上学の正教授に就任するが、その講義ではほとんどの場合、バウムガルテンの『形而上学』を教科書として使用した。

さて、このような形而上学について、カントが先の引用文で「この形而上学では一歩も前進せず、いつまでも同じ場所をぐるぐる廻っている」と記している。このような形而上学にかんする評価は『純粋理性批判』初版の序文に明瞭に記されている。かつて形而上学には「万学の女王」と呼ばれた時代があったものの、カントの時代、形而上学について語られるのはもっぱら軽蔑であり、形而上学に対する無関心が支配している、と。形而上学は、見たり聞いたり触ったりできる領域——それは自然の領域であり経験の領域である——を超越したところで遂行されるがゆえに、その理論を検証することも反証することもできない。それゆえ、この学問は堂々巡りせざるを得ないのである。しかし、形而上学はそのようなあり方しかできないのであろうか。ここにカントの〈問い〉が立ちあがる。すなわち、いったい形而上学という学問は可能なのだろうか。

形而上学をめぐるこのような同時代の状況に対して、カントは次のように記している。

しかし、普遍的な人間理性の関心は形而上学とあまりにも緊密にからみ合っているので、形而上学の需要が消え失せることなどけっしてあり得ない。だから読者は、これまでまったく知られていない計画に従う形而上学の全面的な改革、あるいはむしろ新生が、たとえしばらくそれに対して反対されるにしても、いやおうなく差し迫っていることを認めるであろう。

（Ak257、中公10、岩波12―13）

ここでカントは、人間理性にとって一般に形而上学はどうでもいいものでなく、むしろなくてはならないものであると主張しているのである。上述のように、世の無常や不条理に直面した人間は、〈なぜ〉と問う。これは、もし可能なら、〈なぜなら〉と答えられるはずの問いであるから、理由を求める問いであり、理性の問いである。理由と理性とは、どちらも英語でreasonと書くことを思い出して欲しい。しかし、いったん〈なぜ〉と問うなら、それに答えが与えられても、さらにその答えに対して〈なぜ〉という問いが立つであろう。かくして、理由の探求は形而上学の領域へと人間を連れ出すのである。

この引用文では、カントが形而上学の可能性を問題にするのみならず、その「新生」を求め、さらにはその新生が「差し迫っている」と考えていることが分かる。ここに新たに誕生する形而上学こそが、『プロレゴーメナ』の表題に掲げられた、学問としての「将来の形而上学」である。

三　デイヴィド・ヒュームの衝撃

『プロレゴーメナ』の序文には、新たな形而上学を企図（きと）するカントの批判哲学がいかにして成立したかを理解するために重要な手掛かりとなる、有名な文言が記されている。

> 私は正直に告白する。デイヴィド・ヒュームの警告こそが、数年前にはじめて私の独断論的なまどろみを破り、思弁（しべん）的哲学の領野における私の探求にまったく別の方向を与えたものであった。（Ak260、中公15、岩波19―20）

この引用文を念頭に、私たちは「ヒュームの警告」とは何か、また思弁的哲学における「独断論的なまどろみ」と「まったく別の方向」とは何かを理解しなくてはならない。それによって、カントにとってのヒューム問題とは、形而上学の可能性にかんする問題であることが明らかになるだろう。

ヒュームの警告

まず、デイヴィド・ヒューム（David Hume, 1711-1776）とは、イギリスの哲学者である。彼は『英国史』（一七五四年―一七六一年）の著者でもあるが、カントにとっては『人間本性論』（一七三九年―一七四〇年）あるいは『人間知性研究』（一七四八年）の著者として重要な人物である。しかも、その重要性が形而上学の可能性に関係していることを次の文から確認したい。

ロックやライプニッツの試み以来、あるいはむしろ形而上学の成立以来、その歴史がたどれる限りにおいて、この学問の運命にかんして、デイヴィド・ヒュームがそれに加えた攻撃よりも決定的となることのできた出来事はなかった。（Ak 257、中公10、岩波13）

ここでロックとは、イギリスの哲学者、ジョン・ロック（John Locke, 1632-1704）のことである。彼は、『人間知性論』（一六八九年）を著し、経験論哲学の創始者となった。他方、ライプニッツとは、ドイツの哲学者、ゴットフリート・W・ライプニッツ（Gottfried Wilhelm Leibniz, 1646-1716）のことである。彼は、大陸合理論の潮流に属す人物であり、『形而上学叙説』（一六八六年）や『人間知性新論』（一七六五年）などの著者である。後者は、その表題が表すとおり、ロックの所説との対峙の産物だが、ライプニッツの生前には刊行されなかった。カントは、この二人のいずれもが哲学史上の大人物であることを認めつつ、形而上学の運命にかんしてヒューム以上のインパクトを与えた哲学者はいないと断言しているのである。

さて、ヒュームの所説の中でたいへん有名なものの一つに次の主張がある。原因と結果における必然性は、Aタイプの出来事の知覚とBタイプの出来事の知覚とが恒常的に連接することによって心に、経験に依存して（ア・ポステリオリに）生み出される習慣に過ぎないという主張である。たとえば、ひどくゆすった炭酸飲料のペットボトルのふたを取ったとき、炭酸飲料が溢（あふ）れ出たとしよう。この場合、私たちはペットボトルをひどくゆすったことが、炭酸飲料が溢れ出たことの原因であると考える。しかし、この判断は、かつて炭酸入り飲料の瓶をひどくゆすった（Aタイプの出来事の知覚）ときにいつでも飲料が溢れ出た（Bタイプの出来事の知覚）がゆえに、両者を結合する習慣が心に生み出されたことに由来するというのである。カントにとってもこの主張が大問題である。ただし、それは予想される仕方ではない。

> 彼〔ヒューム〕は、ア・プリオリにそして概念に基づいてそのような結合〔原因と結果との結合〕を考えることは、理性にとってまったく不可能であることを、反論の余地なく証明した。（Ak257、中公11、岩波14）

カントがこのように書くとき、読者は「ア・プリオリ」、「概念に基づいて……考える」そして「理性」という言葉を理解することが必要になる。ア・プリオリは、「経験に依存せず、経験に論理的に先行して」という意味をもって使用される言葉であり、「経験に依存して」という意味をもつア・ポステリオリの対義語である。カント自身がこれらの言葉をラテン語のままに使用し続けるので、邦訳でもカタカナのままに記されることが多い。次に、「概念に基づいて……考える」とは、経験とは無関係に概念だけで考えるということである。最後に、「理性」とは〈推理の能力〉である。原因と結果との必然的関係が、原因から結果を推理する理性に基づくのだと考えるならば、その考えは誤りであるとヒュームは主張した、とカントは述べているのである。

引用文に戻ろう。カントはこの文を「反論の余地なく証明した」と書き終えている。すなわち、原因と結果との関係を、経験と無関係に、理性推理から導く考え方に対し、カントはヒュームとともに反対することになる。しかし、カントはヒュームの所説に賛成するわけではない。ヒュームが原因と結果との結合の必然性を、習慣という主観的必然性であると主張することで、それがア・プリオリな概念である可能性を否定し、さらには推理する能力としての理性そのものを否定するなら、それにカントは対抗しようとする。なぜなら、そうしたア・プリオリな概念や理性そのものの否定は、形而上学の可能性をも否定することになるからである。というのは、形而上学は、形而上のことがらを扱う以上、経験に依存しない概念によって遂行されるはずだし、上述のように、理性によって問われるものだからである。

「独断論的なまどろみ」が破られた

以上のような問題が「ヒュームの警告」という言葉で示唆されていることがらである。これによってカントはみずからの「独断論的なまどろみ」を破られたという。これはどういうことだろうか。それを理解するには「独断論的（dogmatisch）」という言葉を理解する必要がある。カントがこの言葉を用いるとき、二通りの意味がある。一つは、理性の批判を経ることなしに何らかの学説を述べ立てるような態度を意味し、いま一つは、確実な原理に基づいて厳密に証明を行うような態度を意味する。前者はカントに固有の消極的な意味である。後者はヴォルフの方法に基づく積極的な意味であり、この場合には「定説的」という訳語が採用されることもある。さて、「独断論的まどろみ」というときの「独断論的」は前者のカント的な意味である。私たちはこの意味を理解するために、『純粋理性批判』でカント自身が掲げた有名な問いを参照しよう。それは「私は何を知ることができるか」という問いである。『純粋理性批判』はこの問いに対する答えとして執筆されたと言ってよい。形而上学の学説を述べる前に、私たちは理性的存在として、そもそも何を知ることができ、何を知ることができないか、それを〈分ける〉という批判の営みに従事しなくてはならない。それを怠った態度が「独断論的まどろみ」の態度なのである。

なお、この言葉は『プロレゴーメナ』の§50の冒頭にも現れる。そこでカントは、純粋理性が「宇宙論的理念」において「理性批判」へと差し向けられると記している。これは、第六章で詳述するように宇宙論的理念において純粋理性が二律背反という事態に直面するからである。これと同じことをカントは、一七九八年九月二十一日クリスティアン・ガルヴェ（Christian Garve, 1742–1798）宛て書簡にも記している。

この二律背反は、私をはじめて独断論的なまどろみから覚醒させ、理性の自己矛盾のように見えるスキャンダルを取り除くべく、理性そのものの批判に駆り立てたものなのです。

序文の記述では、「独断論的なまどろみ」がヒュームの警告によって破られ、理性批判の必要に気づいたことが強調されるが、そこには同時に、カントが理性の自己矛盾としての「二律背反」という事態に直面したという大事件が存在したのである。カントがヒューム問題に関連して、理性そのものへの懐疑に言及する所以である。

カントが採用した「まったく別の方向」

では、「独断論的なまどろみ」から完全に覚醒したカントが採った「思弁的哲学の領野」における探求の「まったく別の方向」とはどのようなものだろうか。言い換えれば、カントはヒュームの所説に正面から対峙し、それに対応するために何を行ったのだろうか。それは、簡潔に言えば、認識能力の批判に向かい、ア・プリオリな概念の源泉を明らかにすることだった。この点について、カント自身が『純粋理性批判』における行論(こうろん)をまとめて述べている箇所がある。いささか長くなるが引用してみよう。

さて、私が最初に試みたのは、ヒュームによる異論を一般的なものとして表現できないかどうかである。そして、私はただちに気づいた。原因と結果との結合の概念は、それによって悟性(ごせい)がア・プリオリに事物の結合を考える唯一の概念ではない。むしろ、形而上学は徹頭徹尾そうした概念に基づいて存立しているのだ、と。私はそうした概念の数を確認しようと努力した。そしてこの仕事を、自分の望み通りに、つまりただ一つの原理に基づいて成し遂げたので、私はこの概念の演繹に進んだ。この概念は、ヒュームが気にしたように経験から導き出されたものでなく、純粋悟性から生じたものであることを、私はいまや確認したのであ

る。（Ak260、中公15－16、岩波21、強調は引用者）

ヒュームは「事物の結合」について、何よりも「原因と結果の結合」を考えた。カントはそれに対して、「事物の結合」にかかわる諸概念を、原因と結果以外のものも含めて包括的に論じようとしたのである。また、ヒュームは、「原因と結果の結合」が経験に由来するものでありア・プリオリでないと考えたのに対し、カントは、「原因と結果の結合」を含む「事物の結合」にかかわる諸概念を数え上げ、それらがア・プリオリに純粋悟性から生じることを確認したという。ここでカントが示唆している事態は、『プロレゴーメナ』であれば§21で言及され、『純粋理性批判』では「概念の分析論」で論じられている。後者には、「形而上学的演繹」（B159に見られる表現）と呼ばれる箇所（特に、§9と§10）と「超越論的演繹」（§13から§27）と題された箇所が含まれる。この引用文では、形而上学的演繹が「そうした概念の数を確認しようと努力した」という表現で示唆され、超越論的演繹が「純粋悟性から生じたものであることを、私はいまや確認した」という表現で示唆されている。この引用文の中に「演繹」という言葉が見られるのもそのためである。この「演繹」という言葉については後に説明するが、ここでは、「ア・プリオリに事物の結合を考える」概念の数を、判断という原理に基づいて確定し、それが純粋悟性から生じたものであることを確認しつつ、そうした概念の客観的妥当性を論証することを意味している。

悟性と理性

ここにはカントの書物を初めて読む人を悩ませる概念が姿を見せている。それが「悟性」であり、「純粋悟性」である。ヒュームの所説に言及していたときには「理性」という概念が用いられていたのに、ここでは「悟性」という見慣れない概念が導入されている。この両者は、どちらも「考える」ことに関係しているようだが、異なるものなのだろうか。こうした問題に突き当たった場合、勝手に単純化してはならない。読者はひとまず、カントが使い分けている以上、別のことがらを指しているはずだと考えるべきである。先に、理性は推理の能力であると述べた。たとえば、次のような推理を行うのが理性である。

大前提：日本国憲法は基本的人権を保障している。
小前提：表現の自由は基本的人権の一つである。
結　論：日本国憲法は表現の自由を保障している。

このとき、どの命題も判断として表現されている。推理を行うとき、人間は考えているが、それぞれの判断を下すときもまた考えている。たとえば、「表現の自由は基本的人権の一つである」と判断するとき、私たちは考えている。この後者のように考える判断の能力が悟性である。悟性は、ドイツ語でVerstandと書くが、これは「理解する」という意味の動詞verstehenとつながっている。悟性が英語で一般にUnderstandingと訳される所以である。さらに「純粋悟性」の「純粋」についても説明しなくてはならないが、ここでは「純粋」が「経験的」の対義語であること、したがって、「純粋悟性」は経験的なものをまったく含まない悟性的な思考能力であることだけを指摘しておこう。

演繹という問題

さて、先の引用には、次のような文章が続いている。ここは、『純粋理性批判』を理解する上でたいへん重要な箇所なので、続いて引用しよう。

このような演繹は、私の鋭敏な先駆者には不可能に思われた。この演繹をたんに思いつくことさえ、彼以外の誰にもありえなかった。この諸概念の客観的妥当性が何に基づくのかという問いを立てることもなく、誰もがそれを安心して使っていたにもかかわらず。言っておこう。このような演繹は、これまで形而上学のために企てられることのできた最も困難なものだった。また、その際、最も困りものだったのは、形而上学がおよそどこかにどれほどたくさんあったとしても、それが私にはいささかの助けにもなり得なかったということである。なぜなら、かの演繹こそがはじめて形而上学の可能性を決定するはずだからである。（Ak 260、中公16、岩波21）

ここで「鋭敏な先駆者」とはヒュームのことである。彼のような問題意識をもつ人だけが、ア・プリオリな（経験に依存しない）概念の演繹という課題を見いだすことができるはずだが、彼にはそれが不可能なことに見えた。彼がもっぱら経験論の流れに属す哲学者だったからである。経験を基盤とする経験論の側から、経験に依存しない概念をどうやって正当化できるか、という問いを立てることは容易ではない。カントの自負はこの演繹（正当化）という課題に取り組んだところにある。しかし、彼にとってもこれは極めて困難な仕事だった。彼はこの点に、『純粋理性批判』初版の序文（ＡＸ）でも言及している。引用文からはまた、このカントの努力が形而上学の可能性を明らかにするためだったことが見てとれる。カントは、同様のことを一七八三年八月十六日、モーゼス・メンデルスゾーン（Moses Mendelssohn, 1729-1786）に宛てた書簡にも記している。カントにとって最も困難だったこの仕事は、私たちにとっては最も難解な記述として残されている。それが『純粋理性批判』における「純粋悟性概念の演繹について」と題された箇所である。この箇所を彼は、初版の売り切れを理由に準備された第二版（一七八七年）において、全面的に書き換えている。演繹をめぐる労苦は、初版刊行をもってしても終わらなかったのである。

『純粋理性批判』と『プロレゴーメナ』との関係

さて、「序文」の末尾は、『純粋理性批判』と『プロレゴーメナ』との関係の説明に費やされている。要約しよう。第一に、晦渋（かいじゅう）で難解であるのみならず浩瀚（こうかん）な『純粋理性批判』に対し、せめてその浩瀚さに伴う全体の見通しづらさだけは、この『プロレゴーメナ』で取り除かれるだろう。したがって、後者はあくまで『純粋理性批判』を基礎においている。第二に、『プロレゴーメナ』は、『純粋理性批判』が前代未聞のまったく新しい学問であることを明らかにするだろう。その新しさは、ヒュームと問題意識を部分的に共有しつつも、彼が懐疑論へと座礁（ざしょう）したのに対し、そうならない方途を見いだすところにある。第三に、『純粋理性批判』は純粋理性という領域のすべての部分を批判した完成した著作であり、『プロレゴーメナ』はそれに続く「計画」、将来の形而上学に先立って提示される計画である。なお、後者において、カントは「分析的方法」によって計画を作成するという。すなわち、形而上学がすでに与えられていると仮定し、それを可能にする条件へと遡るという方法を採用するのである。なお、この「分析的方法」という言葉については、後述するように、カントが§5の注でも説明している。

「常識」の哲学とカント

なお、「序文」をこれまで検討してきた中で言及しなかった論点の一つを補足したい。それは、イギリスに見られた「常識」に訴える哲学の動向である。ヒュームによる「原因と結果の結合」にかんする問題提起を、カント自身は形而上学をめぐる問題として真剣に受け止めた。しかし、イギリスのヒュームの反対者たちには、この問題に対して困難な省察(せいさつ)の労苦を払うのでなく、常識を引き合いに出すことで解答できると思った哲学者たちがいる、とカントは言う。彼がまず名前を挙げるのは、トマス・リード(Thomas Reid, 1710–1796)、ジェイムズ・オズワルド(James Oswald, ?–1793)、ジェイムズ・ビーティ(James Beattie, 1735–1803)の三人である。彼らはいずれもスコットランドの哲学者であり、「常識学派」に属す人物である。なお、岩波書店版カント全集における『プロレゴーメナ』の訳者、久呉高之の訳注によれば、カントがこの三人に言及するのは、ヨハン・N・テーテンス(Johann Nicolaus Tetens, 1736–1807)に由来するらしい。彼が著作『人間本性とその発展についての哲学的試論』(一七七七年)で件の三人に言及しているからである。テーテンスの所説が、カントの『純粋理性批判』の内容と部分的に密接な関係をもっていることが、今日、注目を浴びている。

カント自身は常識学派の所説に立ち入ってその説明をしていない。ただ、「原因と結果の結合」の起源などあえて問わなくても、すでに自然認識が成立しているのだから、ヒュームの疑いにかかずらう必要などない、という見解を常識学派がもっていることが示唆されているに過ぎない。この論点にかんする同類の人物として、カントはイギリスの牧師にして化学者・哲学者であるヨセフ・プリーストリ（Joseph Priestley, 1733-1804）の名前も加えている。ともあれ、私たちには、次の文言が重要である。本章の最後に引用しておこう。

> 批判的理性は常識が思弁に迷い込まないように、また思弁だけが問題となっているときには、常識はそれ自身の原則について正当化するすべを知らないのだから、何ごとも決定しようと望まないように常識を抑制するのである。（Ak259、中公14、岩波19）

『プロレゴーメナ』を読み続ける私たちも、繰り返しカントの所説の難解さに直面することになるが、そうした際に、世間的な常識や自分の人生経験に逃げ場を求めることなく、「批判的理性」の立場に踏みとどまらなければならない。

第二章

「緒言」からカントの問い方を読む

「はじめに」の冒頭で、それぞれの哲学の固有性は、その〈問い〉にこそあると書いた。本章は、「緒言(しょげん) あらゆる形而上学的認識の固有性について」を検討することで、カント批判哲学の核心にある〈問い〉がどのようなものであるかを明らかにしよう。なお、本来の緒言は§1から§3までの三つの節からなっている。その後、§4と§5をはさんで、§6から『プロレゴーメナ』の本論部分が始まる。ここでは便宜的に、本論部分に先立つ§1から§5までの全体を、広く「緒言」として位置づける。この箇所の内容が部分的に『純粋理性批判』第二版の「緒論」に再掲されているので、この位置づけにも一定の理由はあるだろう。

『プロレゴーメナ』校訂の問題

なお、この箇所は、『プロレゴーメナ』の校訂をめぐる論争をひき起こしたことで有名な部分を含んでいる。すなわち、現在、多くのドイツ語原典や邦訳において§2に含まれる五つの段落は、初版本以来、§4の中ほどに位置づけられていたのである。論争の概略は次のようなものである。一八七八年、ベンノ・エアトマン（Benno Erdmann, 1851-1921）が自身の校訂による『プロレゴーメナ』を、従来どおりの配列で刊行した。これに対して、翌年、エミール・アーノルト（Emil Arnoldt, 1828-1905）やハンス・ファイヒンガー（Hans Vaihinger, 1852-1933）が問題を提起した。ファイヒンガーの主張の要点は、それでは内容上の整合性に問題が生じるのではないかというところにある。このような問題が発生した理由をファイヒンガーは当該テキストの誤配置、いわば「横滑り」に求めている。他方、エアトマンは、その後刊行が開始された包括的なカント全集（アカデミー版全集）において『プロレゴーメナ』編集を担当したが、その際にも自分の立場を変えず（一九〇三年）、さらに一九〇四年に刊行した著作『カントのプロレゴーメナにかんする歴史的研究』で反論を行っている。この経緯については、岩波書店版カント全集における久呉高之の訳者解説が詳しい。本書では、邦訳も採用しているファイヒンガーの訂正提案に従い、当該の五つの段落を§2に含まれるものとして扱う。その方が、内容上の理解が容易になるからである。

一　形而上学の諸源泉（§1）

まず、『プロレゴーメナ』本来の書名を再び確認しよう。それは『学問として現れ得るだろう、あらゆる将来の形而上学のためのプロレゴーメナ』である。このとき、「形而上学」は一つの固有の学問として構想されている。そうであるなら、形而上学は他の諸学問から区別され得るものでなくてはならない。カントはその区別の指標を、形而上学的認識の対象・源泉・認識の仕方という三点に求める。§1はそのうちの「源泉」について説明し、§2で「認識の仕方」が論じられる。

先に第一章で、形而上学的認識の対象が、自分が見たり聞いたり触ったりしている自然学的認識の領域（形而下）にでなく、見ることも聞くことも触ることもできない自然を超えた領域（形而上）に位置づけられることを説明した。〈自然を超えた〉認識をカントは、§1で「経験の彼方にある認識」とも言い換えている。形而上学という学問に関与する限り、私たちには日々の具体的な日常経験も苦労して得た人生経験もまったく頼りにならない。それどころか、いま自分が何かを見たり聞いたり触ったりしているという事実さえも頼りにならないのである。

ただし、さっそく補足しなくてはならないが、カントが「経験の彼方」と呼んでいる領域が、まったく経験と無関係であるとは限らない。やがて明らかになることだが、カントが求める学問としての形而上学の対象は、たしかに、経験に基づいて認識することの不可能なものではあるが、むしろ「経験〔の領域〕の彼方」にあって、経験や自然学的認識を可能にするものである。

まとめを兼ねて、次の文章を引用しよう。

> 本来の自然学（物理学）の源泉をなす外的経験も、経験的心理学の基礎をなす内的経験も、形而上学的認識においては基礎にならないだろう。したがって、形而上学的認識は、ア・プリオリな認識なのであり、言い換えれば、純粋悟性と純粋理性に基づく認識である。（Ak 266、中公24、岩波31）

私たちが自分にとって外なるものとして経験する自然も、自分の内のこととして経験する心理も、経験に基づくものである以上、形而上学的認識を基礎づけることはできない。形而上学的認識は、形而上のことがらにかんするものであるがゆえに、経験に依存しない認識、すなわちア・

プリオリな認識である。もしこのような形而上学が可能であるとすれば、それは経験的なものを含まない、純粋悟性や純粋理性に基づく認識のはずである。純粋悟性と純粋理性が形而上学の源泉なのである。

認識とは何か

ここでいったん立ち止まり、「認識」という概念についてまとめておこう。「認識」は「感じる」ことや「考える」こととは異なる。「感じる」ことも「考える」ことも、それは個人の意識において生じること、行われることである。私が今日は疲れたなあ、と感じることも、表現の自由って検閲からの自由のことだよね、とたんに考えることも、それだけでは個人の意識において生じていることに過ぎない。個人の意識のことがらは、他人と共有できず、その内容の真や偽を判定できない。そうしたたんなる個人性を脱したところに「客観」が成立するのであり、そうした客観に妥当する判断を下すことが「認識」なのである。日本人研究者が考えた物理学上の理論がスウェーデンでノーベル賞をもらえるのは、その理論の客観的妥当性が証明されるからである。もし形而上学的認識が可能なら、それもまた客観的でなくてはならない。この問題を考えるには、形而上学が可能であるかどうか以前に、そもそもどうやって「客観」や「客観的判断」が可能になるのかが問われなくてはならない。これこそがカント哲学の課題である。

なお、§1の末尾でカントは、いずれもア・プリオリな認識である、「純粋数学」の認識と「純粋な哲学的認識」とには相違があることを示唆している。ここで論じられている形而上学的認識は後者に相当する。『純粋理性批判』によれば、前者は「概念の構成に基づく認識」であり、後者は「概念に基づく認識」である。概念の「構成」とは描き出すことであり、たとえば、三角形という図形を描き出すことである。私たちが小中学生のころ、図形を描いては補助線を引くなどして、何らかの証明をしたことを思い出せばよい。他方、哲学的認識はそうした手続きをもたず、もっぱら概念だけを頼りに行われる。このとき、頼りになる概念とはどのような概念なのか、これもまた形而上学の成否にかかわる大問題である。

二　それだけが形而上学的と呼ばれることのできる認識の仕方について(§2、§3)

§2は形而上学的認識を特徴づけるために、三つの部分から記述されている。第一に、分析的判断と総合的判断との区別が明らかにされる(a)。この「総合的判断」という用語を理解することが、カント哲学の理解には不可欠である。第二に、分析的判断が矛盾律に基づくに過ぎないことが指摘される(b)。第三に、総合的判断にア・プリオリなものとア・ポステリオリなものがあることに基づいて、形而上学的認識においては、「ア・プリオリな総合的命題」が創出されるはずであることが主張される(c)。順番に(a)から見ていこう。

分析的判断と総合的判断との区別

(a)私たちが認識を行うとき、私たちは判断する。その判断には分析的判断と総合的判断がある。さっそく、カントがこの二つの判断の相違を説明している文章を引用しよう。

> 判断がどのような起源をもつにせよ、あるいはまた判断がその論理的形式の上でどのような性質をもっているにせよ、諸判断には内容の上で一つの区別がある。すなわち、その区別によれば、判断はたんに説明的であって認識の内容に何も付け加えないか、それとも、拡張的であって所与の認識を増大させるか、のいずれかである。前者は分析的判断と、後者は総合的判断と名づけられることができるであろう。(Ak266、中公24－25、岩波32)

判断の起源がア・プリオリであるにせよア・ポステリオリであるにせよ、あるいは判断形式が肯定判断であるにせよ否定判断であるにせよ、判断は分析的判断と総合的判断とに区別される。

分析的判断は「たんに説明的」である。それによって認識内容が判明になることはあっても、認識内容が増大することはない。カントはここで「すべての物体は延長している」という命題を例として挙げる。私たちは「物体」について考えるとき、すでに物体が「延長している」こと、つまり広がりをもつことを考えている。だから、上の命題において、「物体」概念に「延長をもつ」という説明が加えられたことは事実だが、「物体」についての認識が増えたわけではない。

他方、総合的判断は「拡張的」である。「拡張的」と呼ばれるのは、この判断によって認識内容が増大するからである。カントの挙げる例は「いくつかの物体は重い」という命題である。この命題は、いくつかの物体をもってみたところ、その重さを感じたという経験を表現している。この経験に基づいて、「いくつかの物体」についての認識が増えたのである。なお、この例文を「物体は質量をもつ」と読み替えてしまうと混乱を招くことになる。ここでの話題はあくまで重量である。

分析的判断は矛盾律に基づく

(b)次にカントは、分析的判断について説明している。

すべての分析的判断は全面的に矛盾律に基づいており、またその本性上、ア・プリオリな認識である。（Ak267、中公25、岩波34）

この文を書くことでカントは、少なくとも「ア・プリオリな認識」が存在することへと私たちの注意を向ける。経験に依存しない認識などない、経験に先立つ人間の心は「タブラ・ラサ（白紙）」であると、イギリス経験論のロックとともに主張する人、すなわち、すべての認識はア・ポステリオリだと主張する人はここでいったん立ち止まって考えてみなければならない。

まず矛盾律は論理学の命題であり、「いかなる事物にも、それに矛盾する述語が帰属することはない」（A151／B190）と表現される。この基準を犯すとき、どのような認識の真理も成立しない。したがって、すべての判断は矛盾律に従わねばならないのである。カントとともに、次の文を矛盾律を犯した例として挙げることができるだろう。「いかなる物体も単純である。」ここで「単純である」とは「延長していない」という意味である。ところが、先に述べたように、私たちは「物体」について考えるとき、それが「延長している」ことを考えているのだから、この文は、「物体」という事物に対して、それに矛盾する述語が付け加えられた例ということになる。

私たちはこのような矛盾律に基づくだけで分析的判断を下すことができる。このことを、判断における主語と述語との関係という観点から説明しよう。例として、「高校生は生徒である」という判断をとり上げる。私たちが「高校生」という主語概念について考えるとき、私たちは「高等学校に通っている生徒」を思い浮かべている。したがって、「高校生」に生徒という述語を結びつけることは、矛盾律を犯しておらず、正しい。これを言い換えれば、分析的判断は、主語概念において考えられていることを矛盾律に基づいて引き出すことで、主語概念を説明するものだということができるだろう。さらに、この〈引き出す〉営みにあれこれの経験は不要なので、分析的判断はア・プリオリだということになる。

これは変だ、と思う人もいるだろう。そもそも「高校生」とはどのような存在かを経験したことのない人に、「高校生は生徒である」という判断は下せないのだから、この判断も経験に依存しているはずであり、ア・ポステリオリではないだろうか。カント自身もここでそうした疑問を想定し、「金(きん)」という経験的概念を主語にもつ「金は黄色の金属である」という命題を例に挙げ、この判断が分析的判断であることを主張している。彼によれば、主語概念がア・ポステリオリに学ばれたものであっても、その判断が主語概念を分析するだけのものであれば、それはア・プリオリな判断なのである。「金」という概念で私たちは「黄色であること」や「金属であること」をすでに考えているのであり、「金は黄色の金属である」という判断を下す際に、このような「金」の概念の外に何も探す必要がない。矛盾律に従って、たんに「金」という概念を分析すればよいと説明している。

ア・プリオリな総合的判断

(c)引き続き、総合的判断が説明される。総合的判断もまた判断である以上、矛盾律に従うことが必要である。しかし、この判断は「拡張的」であるがゆえに、矛盾律に加えてさらにそれとは異なる原理が必要になる。総合的判断が拡張的であるとは、判断における主語概念に含まれていない内容を述語概念が付け加えることによって、知識が拡張するからである。このような総合的判断にはア・ポステリオリなものとア・プリオリなものとがある。

最も分かりやすいのは、ア・ポステリオリな総合的判断である。たとえば、二〇二〇年一月〇日は晴れだった、と日記に書きつけることを思い出せばよい。ここには、明瞭な認識の増加がある。ただし、これは二〇二〇年一月〇日の天候を経験したことに依存している。このような観点からカントは、「経験判断はすべて総合的である」と記している。

では、ア・プリオリな総合的判断はどうだろうか。この例も容易に見つかるとカント自身は考えている。というのは、「数学的判断はすべて総合的である」と言えるからである。これまで人々は数学的判断について、それがア・プリオリで確実性をもつがゆえに、矛盾律のみに基づく分析的判断であると誤解してきた。しかし、数学の命題は、ア・プリオリであるのみならず総合的なのである。ここで、カントとともに経験的認識を含まない「純粋数学」を例に採り、数学的判断が総合的判断であることを確認しよう。

ひとは当初きっとこう考えるだろう。7＋5＝12という命題は、7と5の和という概念から矛盾律に従って帰結する、たんなる分析的命題である、と。しかし、より立ち入って考察してみるなら、次のことが分かる。7と5の和という概念は、二つの数を一つの数に結合するということ以上の何も含んでいない。また、その結合によっては、かの二つの数をまとめたこの一つの数が何であるかはまったく考えられていない、と。12という概念は、かの7と5の結合をたんに思い浮かべるだけですでに考えられているようなものではない。また、私が、可能な和という自分の概念をどれほど分析したとしても、私はそこに12を見いだすことはないだろう。ひとはこれらの概念〔7と5の和という概念、可能な和という概念〕を、直観を手掛かりとすることで、越え出ていかねばならない。ここで直観とは、両方の数の一方に対応するもの、たとえば五本の指である。あるいは（ゼーグナーが彼の算術で示したように）五つの点である。そして、直観に与えられた五つの単位を次々に7という概念に付け加えるのである。かくして、ひとは7＋5＝12という命題によって自分の概念を実際に拡張するのであり、はじめの諸概念に新たな概念を付け加えるのである。（Ak268―269、中公28―29、岩波37―38）

「数学」と聞いて身構えた人は、この引用文を見ておやっと思うだろう。カントが数学的判断について言及するとき、多くの場合、ここに見られるような算術かあるいは初歩的な幾何学が例として取り上げられる。あえて、心配ご無用と記しておこう。さて、カントが言いたいのは、〈7＋5＝12はア・プリオリな総合的判断だ〉ということである。私たちは7＋5が必然的に12であることを学び知っているので、ここに総合という名の拡張があるとは考えづらい。しかし、18975＋67246＝ならどうだろうか。必然的な答えがあることは理解できるが、この答えを即座に見いだせるだろうか。そろばん塾に通った暗算の得意な人でもないかぎり、それは容易なことではないだろう。

では、7＋5＝に戻って、ここでどのような拡張が行われているのだろうか。手掛かりは、「ひとはこれらの概念を、直観を手掛かりとすることで、越え出ていかねばならない」という一文にある。〈概念を越え出る〉とはどういうことだろう。

ここでいったん立ち止まり、〈概念〉と〈直観〉という用語について説明しよう。私たちの心は、それを意識しているかどうかにかかわらず、さまざまな変容を被っている。すなわち、表象している。ここでは、それを意識している場合を考えよう。たとえば、いま、目の前に見える本を表象しているし、先刻、本屋さんで見た本たちを思い出すこともできるし、そもそも書籍とは何かを考えてその一般的なかたちや本質を考えることができる。このとき、いまここになくても一般的に表象されるものが「概念」（一般表象）であり、いまここで直接的に表象されるものが「直観」（個別表象）である。直観は、いま・ここという具体的な関係がないなら表象できない。このように意識の領域に表れるものは、この「直観」と「概念」に大別される。以上の説明を踏まえるなら、「概念を越え出る」とは、第一に、直観にかかわるということである。第二に、直観にかかわることで、主語概念がそれに含まれない概念と結合するということである。カントは、「7＋5＝」すなわち「7と5の和」という概念を越え出るには、直観が必要であり、この直観を介することで12との結合が成立するのだと主張する。

では、7＋5＝12という算術において、どのように直観がかかわっているのだろうか。カントはそのための例を「五本の指」や「五つの点」で表現している。まず7という数を一般的に思い浮かべ、次に、それに対して指を一本一本折りながら数えていく。すると、私たちの数え上げはいやおうなしに12という数で止まる。かくして、めでたく私たちは「7＋5」は12であるという知識の拡張を得たことになる。ここで、7という概念と12という概念を総合（結合）させたのは、直観の対象になった五本の指なのである。なお、カントが引用文中で名前を挙げているゼーグナーとは、数学者・物理学者であり医学も修めた同時代人、ヨハン・アンドレアス・フォン・ゼーグナー（Johann Andreas von Segner, 1704-1777）のことである。また、先に挙げた引用文を含む箇所は、『純粋理性批判』第二版の緒論にそのまま再掲されている。なお、「7＋5＝12」の例は、『純粋理性批判』初版から使用されている（A164／B205）。

カントは純粋数学に関連して、再び、ヒュームの名を挙げる。カントは、ここでヒュームが純粋数学をア・プリオリな学と認めつつ、それを矛盾律に基づいた分析的判断からなる学問と見誤ったがゆえに、広くア・プリオリな総合的判断一般の可能性を問うことに思い至らなかったことを惜しんでいる。なぜなら、もしヒュームが純粋数学においてア・プリオリな総合的判断が可能であることを認めたなら、ア・プリオリな総合的判断というものの可能性を問うことになり、それはやがて、後述する形而上学の可能性の問いへとつながったはずだからである。なお、ここでカントが思い出しているヒュームの著作は『人間知性研究』である。これは、大著『人間本性論』の第一巻を書き改め、読みやすくしたものである。

形而上学的認識はア・プリオリな総合的判断を含むはずである

純粋数学にア・プリオリな総合的判断が存在することを認めたカントは、記述を形而上学に進める。形而上学は、それが形而上のことがらを扱うがゆえに経験に依存しない（ア・プリオリな）ものであり、学問を標榜（ひょうぼう）する以上、知識を拡張させる総合的なものである、あるいはそのはずだからである。したがって、形而上学は「ア・プリオリな認識の産出」をその特性とする。形而上学が学問として可能であるなら、そこにはア・プリオリな総合的判断が含まれているはずである。なお、形而上学に含まれるさまざまな判断に分析的判断もまた含まれることも確かなことだが、カントがここで問題にしているのは「形而上学的な判断」、すなわち経験に依存せずに知識の拡張を標榜する判断である。

以上の説明を踏まえて、カントは次のようにまとめている。（この文章は、アカデミー版カント全集では§4に含まれる。）

形而上学は、本来、ア・プリオリな総合的判断と関係をもつ。そして、ア・プリオリな総合的判断だけが形而上学の目的をなすのである。（中略）直観においても概念においても、ア・プリオリな認識の産出が、つまるところア・プリオリな総合的命題の産出が、それも哲学的

認識における産出が、形而上学の本質的内容をなすのである。（Ak274、中公34、岩波44―45）

§2に続く短い§3において、カントはア・プリオリな総合的判断をめぐる歴史的状況を注記している。問題は、カントに先行する哲学者たちが分析的判断と総合的判断の区別に気づいたかどうかである。ライプニッツ・ヴォルフ派と呼ばれるほどのドイツ哲学の流れを作ったヴォルフも、またヴォルフ派に属しやがて美学・感性学と呼ばれる学問の先駆けとなったバウムガルテンも、この区別をおろそかにした。彼らの哲学は、理性批判を欠くという点で独断論的であり、形而上学という学問に対して、それがいかにして可能かという問いを立てることがなかったからである。他方、イギリスのジョン・ロックは、カントの見るところ、この区別に気づいている。彼は、その証拠をロックの『人間知性論』（一六八九年）第四巻に求めさえしている。しかし、ロック自身による論究は乏しく、彼と同じく経験論の流れをくむヒュームもまた、総合的命題をテーマとして考察することがなかった。このような指摘の後で、カントは次のように記している。

ひとはまず自分でよく考えることによって、これらの原理〔分析的判断と総合的判断の一般的な区別〕にたどり着いているのでなくてはならない。（Ak270、中公35、岩波46）

カント自身が、ヴォルフ、バウムガルテン、ロック、ヒュームらの著作の読者だが、これらの哲学者が気づかなかった問題に、自分で考えることでたどり着いた。カントの『プロレゴーメナ』の読者である私たちもまた、自分でよく考えてみなければならない。せめて、カントが示した明確な区別を認められるかどうか、よく考えねばならない。

三　形而上学の可能性を問うとはどういうことか（§4、§5）

これまで私たちは、形而上学の対象・源泉・認識の仕方について見てきた。とはいえ、形而上学という学問が現実に存在しているかどうかは別問題である。もしすでに存在しているとすれば、「いかにして形而上学は可能か」という問いを立て、理性によって形而上学が可能になる様を検証することが批判哲学の課題になるだろう。しかし、カントの状況認識によれば、実情はそのようになっていない。

独断論と懐疑論

哲学の世界には、形而上学という学問が存在することを無批判に前提して、分析的命題に過ぎないがゆえに知識を拡張することのない理論や学説を独断的に述べ立てる「独断論」と、そうした動向への反動と見ることもできる「懐疑論」とが存在し、それら以上に、この両者に辟易し形而上学的探求を厭う風潮が支配している。次の引用文には、そうした状況認識が表現されている。

いつの時代でも、形而上学は他の形而上学に対して、その主張そのものにおいてかそうした主張の証明においてか、矛盾したものになり、それによって、持続的な賛同を得たいという自分たちの要求をみずから廃棄してきた。さらには、そうした学問を成立させようという試みこそが、疑いようもなく、たいへん早くに起こった懐疑論の第一の原因となったのである。懐疑論という考え方は、理性が自分自身に対してたいへん暴力的に振舞うことで、理性の最重要の意図にかんして満足することについて完全に絶望してしまうところ以外では成立しえない考え方である。（Ak271、中公37、岩波49）

この引用文の前半は、独断論を示唆している。複数の形而上学が並び立ち甲論乙駁と表現すべき状態に陥っていることが、形而上学そのものへの信用を失わせてきたのである。こうした論争状態を厭い、確定的な知を求める立場を離れ、魂の安らぎを求めたのが「懐疑論」である。懐疑論は、古くはヘレニズム時代のピュロン（およそ360–270 B.C.）に、ルネサンスの時代であればモンテーニュ（Michel de Montaigne, 1533–1592）にその典型を見ることができる。モンテーニュの言葉、「ク・セ・ジュ（Que sais- je?）」（私は何を知るか）は、懐疑論の立場の表現である。なお、この引用文でカントは懐疑論に対して厳しい評価を下している。この立場は、理性の理性自身に対する暴力に由来するものであり、「理性の最重要の意図」を学問的に表現したものであるはずの「形而上学」を完全に断念してしまうからである。

形而上学への問い

形而上学をめぐるこのような状況に対して、私たちが立てるべき〈問い〉は何か。それは「いったい形而上学は可能か」という問いである。これは、「一般的な問い」として§4の上に掲げられてもいる。私たちは、一方で、形而上学を既存のものとして承認してはならない。それでは独断論に留まることになるからである。他方で、形而上学の可能性に背を向けて懐疑論に留まってもならない。それは理性に暴力を働くことであり、私たちが理性の名においてどうでもよくないと思っていることに背を向けることになるからである。私たちの『プロレゴーメナ』はまさに「学問として現れ得るだろう、あらゆる将来の形而上学のためのプロレゴーメナ（序説）」であるがゆえに、この〈問い〉を自分のものにしなくてはならない。ただし、その方法が『純粋理性批判』の方法とは異なるとカントは言う。いささか長いが、カント自身の言葉を確認しよう。

> この問いにかんして、私は『純粋理性批判』においては総合的にとりかかった。すなわち、私は純粋理性そのものの中で探求を行ったのであり、また純粋理性という源泉そのものの中でその純粋使用の要素と法則をも原理に従って規定しようと努めたのである。この仕事は困難であり、読者には自分で徐々に体系に分け入って考えようという決心を要求する。この体系は、理性そのもの以外にはまだ何も所与のものとして根拠とすることなく、したがって、何らかの事実に基づくことなく、認識をその根源的萌芽から開花させようと努めるようなものである。これに対して『プロレゴーメナ』は下準備として位置づけられるべきものである。『プロレゴーメナ』は、学問そのものを披露するよりも、もしできるなら学問を実現するために行われなくてはならないことを指示すべきものである。したがって、『プロレゴーメナ』は、すでに頼りになるものとして知られているものを支えにしなくてはならない。ひとは、そうしたものを信用しつつ出発し、いまだ知られざる源泉へと遡上（そじょう）することができる。

そうした源泉の発見は、ひとがすでに分かっていたことに説明を加えるのみならず、同時に、すべて同じ源泉から生じる多くの認識の範囲を示すであろう。このように、『プロレゴーメナ』、それも将来の形而上学のために準備しようとする『プロレゴーメナ』の方法上の手続きは、分析的であるだろう。（Ak274―275、中公38―39、岩波51―52）

この引用文の要点は、『純粋理性批判』の方法上の手続きは「総合的」だが、『プロレゴーメナ』のそれは「分析的」だということである。注意すべきことに、ここでの「総合的」と「分析的」という用語は、先に説明した「総合的判断」や「分析的判断」と同じでない。この点については、第一章でも言及したように、カント自身が§5に付した注で言及している。むしろ同時代的にはこの引用文の用語法の方が一般的であり、カント自身、『道徳形而上学の基礎づけ』（一七八五年）の序文でも同じ用語法を採用している。まず、『純粋理性批判』は、理性の存在だけを支えとして、純粋理性による認識を体系的に展開した。このような前進的な手続きを彼は「総合的」と呼ぶ。他方、『プロレゴーメナ』は、すでにア・プリオリな学問的認識があるという「事実」に立脚し、そうした学問を可能にしている源泉があるに相違ないと想定し、そうした源泉を探求するのである。このような背進（はいしん）的な手続きが「分析的」と呼ばれる。

では、『プロレゴーメナ』が支えとする学問の「事実」とは何か。それは、純粋数学と純粋自然科学が「ア・プリオリな総合的認識」をもたらす学問として現にあるという事実である。形而上学の可能性についてはまだ何も決定されていないが、純粋数学や純粋自然科学は「事実」として存在する。そこで、ア・プリオリな総合的認識の学問としての形而上学が可能であるかどうかを検討するために、純粋数学や純粋自然科学におけるア・プリオリな総合的認識がいかにして可能かを問い、それを可能にしている源泉を探求するという手続きが採用される。

こうして§4に掲げられた「いったい形而上学は可能か」という一般的な問いは、§5において「いかにして純粋理性に基づく認識は可能か」という一般的な問いへと問い直される。この問いはまた、ただちに「いかにしてア・プリオリな総合的命題は可能か」と言い換えられる。これまで述べたことをカントとともに繰り返すなら、命題として表現される判断には分析的判断と総合的判断がある。分析的判断はつねにア・プリオリである。また、この判断は主語概念ですでに考えられていることを、矛盾を犯さないように注意しつつ、述語概念として取りだすことで可能である。他方、総合的判断には、ア・ポステリオリなものとア・プリオリなものとがある。前者は、経験に基づくことで可能になる。後者すなわちア・プリオリな総合的命題について、その存在の事実は純粋数学に基づいてすでに示されているから、あらためてそれが可能であるかどうかを問う必要はない。〈現実的なもの〉は当然、〈可能なもの〉でもあるからである。言い換えれば、可能でないものが実現することはない。すると、残されているのは、ア・プリオリな総合的命題に対して「いかにして可能か」と問うことである。カントは、この問い（課題）の解決に「形而上学の存亡」がかかっていると記しているが、その理由もこれまでの説明から明らかだろう。

形而上学の可能性に向けられた問い

「いかにしてア・プリオリな総合的命題は可能か。」これこそが、形而上学の可能性をめぐる焦眉の急の問いである。この問いに答えることは容易でない。実際、上述のヒュームは、この問いにそのまま答えるのでなく、「ア・プリオリな総合」という事態は「習慣」に過ぎないと考えた。すでに第一章で述べたことだが、彼によれば、Aタイプの出来事の知覚とBタイプの出来事の知覚がつねに継起する場合、私たちはAとBとを原因と結果という関係でとらえ、そこに必然性を見いだす。しかし、この必然性は習慣という主観的必然性に過ぎないにもかかわらず、私たちはそれを客観的必然性とみなしているのである。このような考えは、ア・プリオリな総合的判断と思われているものは、実は、ア・ポステリオリな総合的判断に過ぎないと言っていることになり、これではカントの挙げた問いに答えることにはならない。

さらには、こうした容易でない問いに対して、序文で名前が挙げられていたビーティのように、「常識」に訴えることもできない。他方、控えめな態度をとって、ことがらを「理性的信仰」に留めようとすることもできない。問われているのは形而上学という学問の可能性なのである。このような「知」の問題を「信仰」のことがらに変えてはならない。なお、ここで「理性的信仰」とは、経験可能な限界を超え出ているので推測することも知ることもできないが、「生活において悟性と意志とを導く」ために欠かせないものを実践的に想定する態度としてまとめられている。

「超越論的」と「超越論哲学」

カントは、この問いに正面から取り組み、それに答えを示そうとする。その意気込みは、次の引用文によく表れている。

> 次のように言えるだろう。超越論哲学全体は、すべての形而上学に必然的に先行するが、それ自身、もっぱらここに掲げられた問いに対して体系的な秩序と詳細さという点だけなら完璧に解答するものに他ならない。したがって、今日に至るまでいかなる超越論哲学も存在しなかった、と。というのは、超越論哲学という名前をもつのは、本来、形而上学の一部分であるが、前者の学問〔超越論哲学〕がはじめて後者〔形而上学〕の可能性を決定するのであり、それゆえすべての形而上学に先行しなければならないからである。（Ak279、中公45、岩波61）

いきなり「超越論哲学」などという強面(こわもて)の用語が出てくる、いささか手ごわい引用文である。ともあれ、カントが言いたいのは、この超越論哲学こそが「いかにしてア・プリオリな総合的命題は可能か」という問いに解答するものであり、この問いに答えることで形而上学が可能になるのだから、超越論哲学は形而上学に先行するということである。では、超越論哲学とは何だろうか。この言葉を理解するには『純粋理性批判』の緒論(第二版)から引用するほかない。

私が超越論的と呼ぶのは、対象にではなく、対象についての私たちの認識の仕方に、しかもそれがア・プリオリに可能なはずである限りでの認識の仕方に一般的に関与するすべての認識である。そのような概念の体系が超越論哲学と呼ばれるであろう。(B25)

私たちは、日々、さまざまな経験(経験的認識)を行っている。さて、そのとき、私たちは何かを経験するのだから、経験には対象がある。この対象に対する認識の仕方はア・ポステリオリに過ぎないのだろうか。言い換えれば、対象が前もってそれ自体として与えられている限りでしか、つまり事後的にしか、対象認識は成立しないのだろうか。そうだとすると、すべての認識は対象に依存するア・ポステリオリなものになる。この見方ではア・プリオリな総合的認識の可能性は見いだせない。そこで、そもそも対象認識における対象と認識との関係を可能にしているア・プリオリな認識の仕方があるのではないかと考えてみる。このとき私たちは、経験に対してもっぱら依存的な認識態度から、経験に対して、そのア・プリオリな可能性を問う認識態度に変わっている。このような態度において得られる認識が、「超越論的」と呼ばれる認識である。そうしてみると、「いかにしてア・プリオリな総合的命題は可能か」という問い方こそが、この超越論的な態度の表現であることが分かる。

さて、一つ前の引用文に帰ろう。そこに唐突なかたちで現れた「超越論哲学」とは、このようなア・プリオリな総合的認識の十全な体系のことである。この十全性・完全性こそが、カントが引用文中で「体系的な秩序と詳細さ」に言及する理由である。このとき、この超越論哲学を「純粋理性批判」と同一視することはできない、とカントは言う。たしかに、両者が覆う領域は同じだが、前者には後者にない完全性が求められるからである。だからこそ「今日に至るまでいかなる超越論哲学も存在しなかった」と彼は言う。では、完全な体系ならざる「純粋理性批判」はいかなる名称で呼ばれるべきものであろうか。カントは、『純粋理性批判』においてそれを「超越論的批判」と呼んでいる。学（超越論哲学を含む形而上学）に「批判」が先行するのである。このような「批判」は形而上学に対する「予備学」と呼ばれることもある（A841／B869）。

『プロレゴーメナ』の四つの問い

いよいよ§5の末尾でカントは、『プロレゴーメナ』の本論部分を構成する四つの問いを明記する。そのすべてを貫くのは、すでに繰り返し言及した「いかにしてア・プリオリな総合的命題は可能か」という問いだが、分析的方法を採用する同書では、まず、そこに「ア・プリオリな総合的判断（認識）」が現れている二つの理論的な学問、すなわち、純粋数学と純粋自然科学とを引き合いに出し、こうした学問がいかにして可能かを問う。こうした学問の現実性を分析することで、ア・プリオリな認識の可能性へと進むためである。そこで、第一の問いと第二の問いは、次のように表現される。

1、いかにして純粋数学は可能か。

2、いかにして純粋自然科学は可能か。

カントによれば数学的命題はア・プリオリな総合的判断なので、ここで「純粋数学」という表現が使用されることは分かりやすいが、「純粋自然科学」という表現に違和感を抱く人もいるだろう。純粋とは、上述のように、いかなる経験的なものも含まないという意味だが、実験や観察を基盤として遂行される自然科学はすべからく経験的ではないかと考えるからである。しかし、カントは自然科学にも純粋部門があり、それが自然科学の基盤をなすと考えた。彼は、それを『純粋理性批判』で基礎づけ、『自然科学の形而上学的原理』(一七八六年)で展開している。

この二つの問いに続いて、『プロレゴーメナ』の主題に向けてさらに二つの問いが立てられる。

3、いかにして形而上学一般は可能か。
4、いかにして学問としての形而上学は可能か。

ここに提示された4の問いについては、これまで説明してきた。しかし、ここではそれに先んじて3の問いが掲げられている。これと同じ趣旨の問いが、『純粋理性批判』の第二版では「いかにして自然素質としての形而上学は可能か」(B22)と表現されている。この3の問いについて、『プロレゴーメナ』から引用しよう。

このような現実的でまた同時に根拠づけられたア・プリオリな純粋認識〔純粋数学と純粋自然科学〕から、私たちが求めている可能的なア・プリオリな純粋認識へ、すなわち、学問としての形而上学へと上昇していくためには、次のようなものを私たちの主要問題に一緒に取り込むことが必要である。すなわち、形而上学のきっかけとなり、そしてそれが真理であるかどうかに疑いなしとしないとはいえ、たんに自然的に与えられたア・プリオリな認識として、形而上学の基礎となるものである。――通常、こうしたたんに自然的に与えられたア・プリオリな認識を、その可能性をいっさい批判的に吟味することなく処理することが、形而上学と呼ばれている。――一言でいえば、そのような学問への自然素質である。（Ak280、中公46―47、岩波63）

私たちがカントとともに、学問としての形而上学の可能性を問おうと問うまいと、すでに古くより形而上学と呼ばれる学問は存在し、カントの同時代には学校で教えられていた。そうしてみると、理性をもった人間には、その理性の本性に基づいて形而上学的問題を考えることができる、いや考えざるを得ない自然素質があるらしい。では、そうした自然素質に基づいてどのような形而上学が展開されるのだろうか。これが3の問いである。

カントが「超越論的主要問題」と呼ぶ、以上の四つの問いのうち、1の問いは第一部で、2の問いは第二部で、3の問いは第三部で、4の問いは「プロレゴーメナの一般的問題の解決」において論じられる。私たちも次章から『プロレゴーメナ』の本論部分に入り、学問としての形而上学の可能性に向けて、検討を進めよう。

第三章

「数学」がどうして可能なのかを問うてみる

ここからが『プロレゴーメナ』の本論である。それを示すのが、第一部、第二部、第三部に、その都度付されている「超越論的主要問題」という表題である。第一部は、§6から§13までと、それらの全体に付された三つの注からなっており、全体の表題として「いかにして純粋数学は可能か」という問いが掲げられている。さっそく思い出していただきたいが、すでに指摘したとおり、カントが「数学」として挙げる例はきわめて平易な算術や幾何学である。もっとも、カント自身はケーニヒスベルク大学で数学の講義を行ったことがあるから、数学の素人とは言えない。その講義録は、「ヘルダー数学」と題されアカデミー版カント全集第二十九巻に収められている。

感性論は論理学の外部

さて、第一部で論じられる内容は、『純粋理性批判』では「超越論的感性論」と題されている箇所の内容に相当する。『純粋理性批判』には、ア・プリオリな認識を可能にする原理を論じる「超越論的原理論」という長大な論述がある。その箇所は「超越論的感性論」と「超越論的論理学」とに分けられる。この区分は批判哲学にとって重要である。というのは、それによって「感性論」が「論理学」の外部に位置すること、すなわち感性論が扱う感性と論理学が扱う悟性や理性とはまったく異なる能力であることが明示されるからである。他方、「超越論的原理論」に「感性論」が含まれることは、論理学が扱う悟性や理性のことがらのみならず、感性論が扱う感性のことがらもまた、認識にとって、それもア・プリオリな認識にとって不可欠であることを示唆している。この第一部ではそうした「感性」を論じるために、純粋数学の可能性が問われるのである。

一　数学的認識からの出発（§6、§7）

私たちは、純粋数学がア・プリオリな総合的認識であることを、7＋5＝12という身近な例で確かめた。純粋数学は、経験に依存することなく拡張的な認識をもたらす学問である。カントは§6で、純粋数学を「理性の純粋な産物」であるとし、人間理性にとっていかにして純粋数学が可能なのかを問う。

この能力〔人間理性〕は経験に立脚していないし立脚することもできないのだから、何らかのア・プリオリな認識根拠を前提しているのではないだろうか。この認識根拠は、深く隠されているが、その帰結の第一の端緒をしっかりたどっていきさえすれば、まさにその帰結によっておそらくみずからを明らかにするだろう。（Ak280、中公48、岩波65）

ここでカントは、「根拠」と「帰結」の関係に立脚して問いを立てている。すなわち、私たちは、純粋数学においてすでにア・プリオリな総合認識という「帰結」をもっている。そこで、この「帰結」に注目することによって、その第一の「根拠」を探り当てようというのである。

認識根拠と存在根拠

ただし、ここに記されているのが、たんに「根拠」でなく「認識根拠」であることも見落とされてはならない。「認識根拠」は「存在根拠」の対義語である。このような根拠をめぐる思考は、すでに若きカントが一七五五年に記した論文、「形而上学的認識の第一原理の新解明」にもそれが記されていることからも分かるように、彼にとって基本的なものである。同論文は、存在根拠を「があるから」という根拠、認識根拠を「であるから」という根拠とも表現している。月食の例を挙げてみよう。月食の際、太陽と月とのあいだに丸い地球があるから、月が丸く欠けていくのだと言えば、これは存在根拠の表現である。他方、地球が丸いということは、月食の際、月の欠け方が丸いかたちであるから分かると言えば、これは認識根拠の表現である。後者は、地球が丸いことを既定のこととして前提し、それがいかにして分かるかを説明している。私たちはここで、純粋数学にはア・プリオリな総合認識があるという「帰結」を前提し、その認識根拠を探求するのである。

数学的認識と哲学的認識

まず私たちは、数学に典型的に見られるような、数学的認識の特色を見定めねばならない。§7では、そのために数学的認識が哲学的認識から区別されている。この両者の対比はカントにとって基本的なものであり、『純粋理性批判』では「超越論的方法論」の第三章「純粋理性の建築術」で行われている。§7の冒頭を引用しよう。

さて、私たちは、すべての数学的認識が次のような点で固有であることに気づく。すなわち、数学的認識はその概念を、まえもって直観の中でそれもア・プリオリな直観の中で描き出さねばならない。したがって、数学的認識の概念がその中に描き出される直観は、経験的でなく純粋直観である。そうした手段なくして数学的認識は一歩も進むことができない。だから、数学的認識の判断はいつでも直覚的である。他方、哲学は、たんなる概念に基づく論弁的な判断で満足できるのであり、その確然的な理説をたしかに直観によって説明できるものの、しかし直観から導出することはできないのである。(Ak281、中公49、岩波66)

この引用文を理解するには、第二章で説明した、概念と直観との区別を思い出す必要がある。

概念は一般表象であり、いまここになくても一般的に表象できる。他方、直観は個別表象であり、いまここで直接的に表象される。さて、ここでカントは、数学的認識は概念だけでは成立せず、概念がア・プリオリな直観において描き出されるところに成立するという。（このように描き出すことを、カントは「構成」と呼ぶ。）幾何学の証明を例に取ろう。私たちは三角形の内角の総和が二直角であるという認識を得るために、三角形を概念的に考えるだけでなく、それをノートや黒板に描き出す。こうして描き出された三角形を見ることがひとまずは直観である。ただし、これは経験的な直観である。実のところ、私たちはノートに三角形を描くことなどできない。三角形とは三本の直線に囲まれた平面である。このとき、直線そのものは定義上、幅をもたず平面ではないので、私たちが具体的に描き出すどのような線も、実は直線ではない。直線を描けないのだから、三角形も描けないはずである。しかし、私たちは三角形を描くことでその内角の総和が二直角であることを証明してきた。では、私たちはいったいどこに三角形を描いている（換言すれば、構成している）のだろうか。カントは、それを「純粋直観」であるという。すなわち、経験に依存せずいかなる経験的なものも混ざっていない直観である。そうした純粋直観の上に三角形を描き出して証明するとき、私たちは三角形の内角の総和が二直角以外であり得ないことを直覚的に認識するというのである。いったいそのようなことが可能なのだろうか。これが解かれねばならない問題である。

直覚的と論弁的

ここで使用される「直覚的」という表現は、一見したところ分かりづらい。そこで、引用文中で哲学が「論弁的」であると言われていることを手がかりにしよう。カントは、哲学は「たんなる概念に基づく」学問である、換言すれば、哲学が頼りにできるのは概念だけだという。哲学は、もっぱら概念を用いていろいろ考え進めることで、次第次第にことがらの本質をとらえようとするのである。「論弁的」とはこのような事態であり、この言葉は「比量的」と表現されることもある。「直覚的」は、このような「論弁的」と対照的な性質をもつ。すなわち、「直覚的」とは一挙に直接的にことがらの本質を把握することである。また、このような直覚的な判断を可能にする手続きが「構成」である。それゆえ、数学的認識は「概念の構成に基づく認識」と呼ばれるのである。なお、この引用文には「確然的」という見慣れない訳語が見られる。これは「必当然的」とも訳される単語であり、「確然的判断」と言えば、必然性の意識を伴った、「SはPであらざるをえない」というような判断のことである。

二　ア・プリオリな直観への問い（§8、§9）

私たちにとってたいへん身近な算数を含む純粋数学を可能にするには、たとえば三角形の概念のみならず、直観が必要であるらしい。それも経験的直観ではなく純粋直観が必要であるらしい。これは思い描きづらい事態である。なにしろ、直観はいまここで直接的に表象されるものだから、その限りではいつでも経験的であるはずだからである。このような疑問を読者と共有するところから§8は始まる。その冒頭を引用しよう。

> しかしながら、このように進んでいくと、困難は減るどころかむしろ増えるように思われる。というのは、ここでの問いは、「なにものかをア・プリオリに直観することはいかにして可能か」になるからである。直観は一つの表象だが、それも対象が現にあることに直接的に依存するような表象である。したがって、ア・プリオリに根源的に直観することは不可能に思われるのである。（Ak281、中公50、岩波67―68、強調はカント）

ここでカントが強調する「根源的」という言葉は「派生的」の対義語である。「対象が現にあることに直接的に依存するような」直観は、派生的で経験的である。自分の飼っている猫を直観する場合、いまそこに猫がいるから直観できるのであり、いなければ直観できない。これは経験的直観の一例である。こうした直観は対象が現にいることに依存する。すると、「派生的」の対義語としての「根源的」は、先行する何ものにも依存しないことを意味することになるだろう。先行する何ものにも依存せずに、何かを直観することなどできるだろうか。この問題をカントは「いかにして対象の直観が対象自身より先行できるのか」（Ak282、中公50、岩波68）とまとめる。

物それ自体という問題

この問題を解くに当たり、§9にはいよいよカント哲学の核心的戦略が登場する。それは、形式と内容の区別である。批判哲学は「分ける」ことにその本領があるが、この区別も批判によるものである。なお、この区別に先んじて、カントは同節の冒頭で気になる表現を記している。

もし私たちの直観が物を、物がそれ自体であるような姿で表象するような種類のものでなければならないとしたら、ア・プリオリな直観はまったく成立しないだろうし、直観はいつでも経験的であることになろう。（Ak282、中公51、岩波68—69）

カント哲学を外部から眺めたとき、特に、カント哲学に後続するドイツ観念論の展開を踏まえるとき、最も問題含みに見える概念が「物それ自体」である。観念論は『プロレゴーメナ』を貫く大問題であり、本章の後ろの方でカントの主張を踏まえて論じる。この引用文における「物がそれ自体であるような」という表現は、まさにその「物それ自体」を示唆している。「物それ自体」とは、かんたんに言えば、他の何ものとの関係もなしに、それ自体で存在する物である。そんなものはいくらでもあるだろうと思うだろうか。眼前のボールペンは「物それ自体」ではないのだろうか。いや、そのボールペンは、ノートとの関係や、あなたの手との関係のうちにあり、それでなくとも見ているあなたとの関係のうちにある。そのボールペンそれ自体を〈考える〉ことはできるかもしれないが、それを見る段になると、それはもはや「それ自体」ではない。したがって、〈眼前のボールペン〉が「物それ自体」であることはあり得ない。しかし、そうした「物それ自体」が直観の対象であるとしたらどうだろうか。これがこの引用文が思い描いている状況である。その場合、私たちはすでにそれ自体で存在しているボールペンに、後から出会うことになる。そこに成立する直観（直接的な対象関係）はア・ポステリオリで経験的に過ぎない。

私たちは、同時に、この引用文がドイツ語文法で言う接続法Ⅱ式の非現実話法で書かれていることにも注目しよう。この引用文全体が、カントの主張したいことがらの実相に対して、正反対の事態を表現しているのである。すなわち、第一に、私たちの直観は「物がそれ自体であるような姿で表象するような種類のもの」ではないし、第二に、「ア・プリオリな直観はまったく成立しない」ということはない、と彼は主張したいのである。そして、この主張を成立させるのが、「形式」への着目である。同じく§9から引用しよう。

私の直観が対象の現実性に先行し、そしてア・プリオリな認識として成立するのは、ただ一つの仕方によってのみ可能である。すなわち、直観が感性の形式以外の何ものも含まず、私の主観におけるその感性の形式があらゆる現実的な印象に先行する場合である。そうした印象を通してこそ私は諸対象によって触発されるのだが。というのは、感官の諸対象が、感性のそのような形式に適合してのみ直観され得ることを、私がア・プリオリに知ることができるからである。（Ak282、中公51、岩波69）

これは説明すべきことの多い引用文である。まず、「感性」とは〈感じる能力〉であり、〈考える能力〉としての悟性に対置される。感性はまた受容性の能力である。私たちが何かを感じる場合、私たちは受け身にしか感じられないからである。「感性」には、「感官」と「構想力」とが含まれる。前者は直観における直接的な対象関係そのものであり、そこでは対象にかかわる多様なものが与えられる。後者もまた直観の能力だが、対象がそこに現に存在しなくても、それを表象する能力である。いま現前にある書物のさまざまなあり方は「感官」によって感じられるが、ひと月前に読んだ書物の素敵な装丁は「構想力」によって表象される。

形式と内容との区別

さて、感官を通して対象と直接的に関係するとき、私たちはつねに具体的で多様な内容を手に入れる。それらは私たちに「印象」として与えられる。そうした印象を得ることで私たちの意識に変化がひき起こされる。たとえば、新幹線の車窓から外を眺めている際に、富士山が目に入ったとしよう。このとき意識は、富士山が見えていない状態から見えている状態へと変化する。このような事態を表現する言葉が「触発される」である。しかし、そうした内容（規定されるもの）は形式（規定するもの）に適合して与えられる。カントは、なかみ（内容）はかたち（形式）あってのなかみだと考え、形式の、内容に対する（論理的な）先行を主張するのである。このように「形式」と「内容」とを区別し、「形式」に注目するのは、カント哲学を貫く方法である。カント哲学は一面で〈形式の哲学〉なのである。では、感性の形式とはどのようなものなのだろうか。それについては§10を待たねばならない。ともあれ、カントが批判哲学という〈分ける〉哲学によって第一に見いだしたのは、形式と内容との区別であり、その形式の先行においてこそ、ア・プリオリという事態の可能性が拓（ひら）かれるのである。

ここで引用文の「直観が感性の形式以外の何ものも含まず」という表現に立ちかえろう。感性が受容する「内容」は上述のように具体的であるから、それはつねにア・ポステリオリなものである。そうしてみると、直観がア・プリオリであるには、それが「感性の形式」だけを含んでいるのでなければならない。これは〈感性の形式そのものが、ア・プリオリな直観である〉ことを示唆している。しかし、この主張を理解するには、感性の形式とは何かを知らねばならない。

三　感性の形式と数学の可能性（§10から§13）

カントは、すでに§7の冒頭で数学的認識には〈概念のみならず〉直観が不可欠であると指摘していた。何がそうした直観かがいよいよ提示される。

純粋数学が、同時に確然的かつ必然的なものとして現れる、みずからのすべての認識や判断

の根拠にする直観は、空間と時間である。(Ak283、中公52、岩波70)

純粋数学の判断は確然的であり、その認識は必然的である。そのような純粋数学を可能にするア・プリオリな直観は、空間と時間なのである。たとえば、幾何学において私たちは図形を描く。その場は、ノートであったり白板であったりする。しかし、そこに描き出された図形はつねに不完全なままである。図形が描き出される場としてア・プリオリな空間がなくてはならない。同様に、算術においては数が扱われる。数とは単位を継続的に加えたものである。すなわち、数においては、一に対して同種の一が加算されていく。そうした数を成立させるのは、ア・プリオリな時間である。まさに時間において、一に対して同種の一が加わっていくことを想起して欲しい。

純粋直観としての空間と時間

それにしても、空間や時間が〈直観〉であるとは、どのようなことなのだろうか。私たちは、さまざまな空間、たとえばこの部屋や駅前広場、あるいは東アジアを空間として意識し、それらを一般的に「空間」と表現する。このとき空間は〈概念〉である。しかし、いま・ここで意識している私と私の外部に広がる諸物とを包括する空間は〈直観〉である。概念としての空間の〈下に〈下位概念として〉〉、部屋、駅前広場、東アジアなどが位置づくのに対し、直観としての空間には、その〈中に〈内部に〉〉、部屋、東京、日本、アジア、地球、太陽系などが位置づく。そうしてみると、直観としての空間は一つであると言わざるを得ない。一つであるものは一般的なものではない。だから、空間は直観である。直観としての時間も同様である。授業時間、一日、一カ月、一年など、さまざまな期間を時間として思い浮かべることができるが、どの時間も一つの時間の一部分である。だから、時間は直観である。

次に、空間や時間が〈純粋直観〉であるとは、どのようなことなのだろうか。私たちは、具体的な空間や時間を経験的に意識している。たとえば、いくらかの広がりをもった物体が占める空間は経験的に意識される。あるいは、何らかの物体の状態に変化が生じるとき、その先後で時間が経験的に意識される。カントは、そうした経験的意識から物体や変化を取り去っても、空間と時間が残ると指摘する。ここに、もはや経験的対象に依存しない、〈純粋直観〉としての空間と時間がとらえだされる。そして、その内実が、上に記した一なる空間や時間なのである。カントの文章を確認しよう。

したがって、空間と時間は純粋直観なのである。この純粋直観はあのもの〔経験的直観〕に対してア・プリオリに根拠として存するので、それ自身は決して取り去られ得ない。空間と時間は、それらがア・プリオリな純粋直観であるというまさにそのことによって次のことを証明する。空間と時間は、現実の対象のすべての経験的直観すなわち知覚に先行しなければならない、私たちの感性のたんなる形式であり、そしてその形式に従って、諸対象がア・プリオリに認識され得るということを。ただし、諸対象がどのように私たちに現象するかが認識されるに過ぎないことは、もちろんのことである。（Ak283、中公53、岩波71）

空間と時間は、経験的直観から経験的内容を取り除くことで取りだされるものとして、ア・プリオリな純粋直観であり、感性の形式なのである。ここで、引用文の末尾で言及される「その形式に従って、諸対象がア・プリオリに認識され得るということ」が証明されるが、「ただし、諸対象がどのように私たちに現象するかが認識されるに過ぎない」という文言にも注目しておこう。先の引用文を読んで、いったい「対象がア・プリオリに認識され得る」とはどういうことだろう、という問いを立てる人がいるはずだからである。私たちは対象にいつかどこかで出会うのだから、対象は、つねに経験に依存してすなわちア・ポステリオリに認識されるのであり、ア・プリオリに認識され得るはずがないのではないだろうか。カントは、そうした問いを見越して、認識されるのは「諸対象がどのように私たちに現象するか」であると限定しているのである。つまり、感性の形式としての空間と時間を見いだすことは、私たちに対象としての現象が現れる仕方（どんな現象も空間的あるいは時間的に現れるという仕方）を認識させるに過ぎないのである。

空間と時間を哲学する

さて、カントが純粋数学の可能性を問いながら、空間や時間を論じ始めたことを不可思議に思った人もいるかもしれない。たとえば、どうしてカントは「空間と時間」という順番で書くのだろう、と。「時空」という表現に慣れている人はそう感じるのではないだろうか。カント自身も、一七七〇年に教授就任論文として執筆した論文「可感界と可想界の形式と原理」では、時間を先に論じている。しかし、『純粋理性批判』と『プロレゴーメナ』では一貫して「空間と時間」という順序を守っている。これにはいくつかの理由が考えられる。第一に、空間は外的対象を意識する際の形式だが、時間は外的対象と内的対象を意識する際の形式だからである。私にとって空間的に外で起きるどのような出来事も、〈いつかある時に〉起きるのであるから、時間という形式に従っていなければならない。他方、私が時間的に思い出す出来事は、もはや空間的に（外的対象として）ではなく内的対象として思い描かれる。そうしてみると、空間に比して時間の方が包括的な意識であるから、時間を奥の院に位置づけたのだと言えるかもしれない。他方、第二に、時間は何らかの変化において意識されるが、この変化を意識するには、何か変わらざるものを意識せざるを得ない。たとえば、天候の変化を意識するには、変わらざるものとしての空を意識しつつ、その空について青空がにわかに曇ったという意識をもつ。このとき、変わらざるものはいつでも空間の側に見いだされる。そうすると、時間意識の成立には空間意識が必要だから、空間の方が先に論じられねばならないのだと言うこともできるかもしれない。

さらに、そもそも哲学者が空間や時間を論じることに驚いた人もいるかもしれない。もちろん、時間論の古典と言えば、アウグスティヌス（Aurelius Augustinus, 354-430）の『告白』が例に挙がるように、哲学者はこの問題を古来論じてきた。ただし、カントの念頭にあるのは、近代における論争状況である。まず、ニュートン（Isaac Newton, 1642-1727）が『プリンキピア（自然哲学の数学的原理）』（初版一六八七年）において、物理学がそこに成立する空間と時間を無限に広がる「絶対空間」と無限に流れる「絶対時間」として論じ、それを「神の感覚器官」と呼んだことは有名である。「絶対空間」は、部分的には私たちの素朴な意識に近い。というのは、私たちは「空間」と聞くと、何か箱型の立体が存在する様を思い浮かべがちだからである。しかし、仮に空間が「箱」だとしたら、その箱はどこにあるのだろうか。そう問うと、一挙に不安になってくる。いやいや、すべての箱を包む、絶対的で無限な箱があるのだ、と言ってみても、それは〈どこに〉あるのか、と問いたくなる。こうしたニュートンの所説に対して異を唱えたのがライプニッツである。彼は、ニュートンの友人、サミュエル・クラーク（Samuel Clarke, 1675-

1729）と論争的な往復書簡を残している。そこでライプニッツは、「絶対空間」や「絶対時間」を否定して、空間は事物の並存の秩序であり時間は事物の継起の秩序であると主張する。この主張も、私たちの素朴な意識と近い。私たちは、空間を何らかの事物との隔たりとして意識し、時間をある時点からの隔たりと意識することがあるからである。

ニュートンの絶対空間・時間論は、客観的な自然科学にその場を提供するものとしてふさわしいように思われるが、そのようなものが存在するのかという問いに対して答えることが困難である。ライプニッツの空間・時間論は、私たちの主観的な意識にとって分かりやすさをもたらすが、その所説がどうやって自然科学の普遍性や必然性を保証できるかと考えるとき、その問いに答える困難に私たちは直面する。この両者の問題を一挙に解決するのが、カントの「感性の形式」という着眼点である。空間と時間が、認識する主観の感性のことがらであること、すなわち空間が外的感官の形式であり時間が内的感官の形式であることを認めつつ、しかも空間と時間はそうした感官のア・プリオリな形式であるとすることで、普遍性と必然性を確保するのである。

純粋数学は純粋直観によって可能になる

以上のことから、カントが第一部に掲げた問い「いかにして純粋数学は可能か」に、答えが与えられたことになる。§11では、冒頭でこのことが確認されるとともに、この理解のもたらす重要な洞察が確認される。まずは冒頭を引用しよう。

こうして本章の課題は解決された。純粋数学は、ア・プリオリな総合的認識としては、感官のたんなる対象以外の何ものにもかかわらないことによってのみ可能である。この感官の経験的直観には、（空間と時間という）純粋直観が、それもア・プリオリに根拠としてあり、また、純粋直観が対象の現実的現象に先行する感性のたんなる形式であることで、根拠としてあり得るのである。（Ak283―284、中公53―54、岩波71―72）

ここでカントは、慎重に配慮しつつ、第一部の問いに答えている。すなわち、〈純粋数学は純粋直観によって可能になる〉と即座に断言するのでなく、まず、純粋数学は「感官のたんなる対象」にかかわることで可能になると書く。数学は、概念のみならず直観を必要とし、直観によって感官の対象にかかわるのである。その上で、感官によって得られる経験的直観には、その根拠として純粋直観があり、さらにはその純粋直観が、現実の現象に先行する形式であることを確認する。この形式としての純粋直観によって、ア・プリオリな総合的認識としての純粋数学が可能になるのである。

空間と時間は物それ自体に付着する規定ではない

こうして、空間や時間は、物それ自体が感性に関係して現象する形式であること、いいかえれば、感性に現象が与えられるのは、つねに空間や時間という規定の中においてだけであることが明らかとなる。ここでカントは、§9で言及した「物それ自体」に再度言及する。

両者〔空間と時間〕は物それ自体に付着する諸規定では決してない。両者は、感性に対する物それ自体のたんなる関係だけに付着する規定である。(Ak284、中公54、岩波72)

ここで、現象は感性に対して「物それ自体」が関係することで現れるという見通しが与えられ、この関係を規定する仕方が、形式としての空間と時間であることが確認される。現れた現象は、空間や時間による規定の中にあるので、決して物それ自体でなく、逆に、空間や時間は物それ自体を規定するものではないのである。

空間と時間の超越論的究明

§12は、『純粋理性批判』では「超越論的感性論」において、空間概念や時間概念の「超越論的究明」と呼ばれた内容に相当する。ただし、本節では「超越論的演繹」という表現が用いられている。これは、当該の概念に基づいて実際にア・プリオリな総合的認識が成立することを示すとともに、そうした概念なしではこの認識が不可能であることを示す論証である。かんたんに過ぎる言い方かもしれないが、あえて言えば、空間や時間が感性のア・プリオリな形式だという説明を受けてなお、それって本当にそうなの、カントの一方的な決めつけではないか、と思っている人を想定して、いやいやそうした形式としての空間や時間なしには、幾何学も運動の理論も成立しないでしょ、という「説明と確認」を付け加える論証である。なお、ここで言葉の上で言及された「超越論的演繹」は、『純粋理性批判』では悟性論において遂行される。当該箇所は、同書の最も難解な部分の一つである。

不一致対称物を考えてみよう

§13は、カントが繰り返し話題にしてきた「不一致対称物」にかんする議論である。彼が『純粋理性批判』に先んじてこの議論に言及したのは、一七六八年の論文「空間における方位の区別の第一根拠について」と一七七〇年の教授就任論文（第十五節）である。カントはここで、この議論を通して、空間（と時間）が物それ自体に付着する性質ではなく感性の形式であることを、読者にあらためて気づかせようとしている。引用しよう。

> 私の手あるいは私の耳によく似ていてすべての部分で等しいものとしては、鏡に映ったそれらの像以上のものが何かあり得るだろうか。しかしながら私は、鏡に見られるような手をその原型の代わりに置くことはできない。というのは、原型が右手であったとしたら、鏡に映った手は左手であり、そして右耳の像は左耳であり、これはけっして右耳の代わりになり得ないからである。（Ak286、中公57、岩波75―76）

右手と左手は対称物だが、両者が一致することはあり得ない。それは、赤道を共通の弧として北半球と南半球に描かれた、辺も角も等しい二つの球面三角形が、互いの代わりに置けないのと同じである。では、右手と鏡に映ったその像（左手）とを対称であると言えるのはなぜだろうか。それは、両者のどの部分をとってそれ自体で比較しても、両者はあくまで同等であり、一方にあって他方にないものはないからである。それにもかかわらず両者は一致し得ない。右手用の手袋を左手にはめることはできないように。この一致し得なさの由来を求めるなら、ひたすら、両者が空間において占める位置が異なるからと言うより他にない。これは、概念に基づいて考える悟性のことがらではなく、受容性の能力である感性に基づく直観のことがらなのである。受容性のことがらにおいて人間は受け身でしかあり得ないので、件の不一致を私たちはどうすることもできない。この議論を介して、悟性ではとらえられない感性の領域が確かめられるのである。

四　正面から論駁するカント（第一部への三つの注）

『プロレゴーメナ』が、『純粋理性批判』に向けられた無理解に対して、それを論駁する意図をもって執筆されたことはすでに述べた。第一部に付された三つの注は、いずれもそうした無理解を払拭すべく書かれている。

これまでの議論を読んで、なかなか拭い去りがたい疑問を抱いている人もいるのではないだろうか。そしてその疑問の中心にはおそらく、人間の認識対象は現象であって物それ自体ではない、というカントの主張が位置しているのではないだろうか。日常生活において自分が認識しているのは物それ自体であると疑わなかった人が件のカントの主張に接するなら、自分が見ているものが物それ自体ではないというなら、ここに見えているのは幻想やまやかしなのか、という寄る辺ない思いを抱くであろうことは必定だからである。

空間が現象の形式だからこそ、純粋幾何学は客観的実在性をもつ

まず、注一では、現象と物それ自体との区別をもたらした主張、すなわち、「空間はすべての外的現象の形式である」という主張の正当性が、この主張の理論的な有効性に基づいて論じられる。カントが言いたいのは、空間が物それ自体に付着した規定ではなく、現象の形式だからこそ、純粋幾何学に客観的実在性が認められるのだということである。逆に、空間が物それ自体に付着した規定であるとしたら、私たちは物それ自体にも規定としての空間にもア・ポステリオリにしかかかわれない。そうした経験的な空間に果たして純粋幾何学を適用できるだろうか。むしろ、空間を外的現象の形式であると認めることによってこそ、純粋幾何学は経験的な自然に適用可能になる。なぜなら、純粋幾何学のみならず自然における対象もまた、現象の形式としての空間において規定されるからである。カント自身が自分の主張の要点をまとめた文章を引用しよう。

思想の中のこのような空間〔外的現象の形式と考えられた空間〕が物理的空間、すなわち物質の延長そのものを可能にするのであり、この空間は物それ自体のいかなる性質でもなく、むしろ私たちの感性的表象力の形式に過ぎない。空間の中のすべての対象はたんなる現象である。すなわち、それらは物それ自体ではなく、私たちの感性的直観の表象である。また、幾何学者が思い描くような空間は、まさしく感性的直観の形式である。この形式こそが、私たちがア・プリオリに自分の中に見いだすものであり、すべての外的現象の(その形式面の)可能性の根拠を含むものであり、外的現象を幾何学の諸命題と必然的にそしてきわめて精確に一致させるに相違ないものである。なにしろ、幾何学の命題は、仮構された概念から引き出されるものではなく、すべての外的現象の主観的根拠からすなわち感性自身から引き出されるものなのだから。(Ak288、中公60−61、岩波79)

純粋幾何学の原則がア・プリオリな総合的命題であることを、私たちはすでに確認している。純粋幾何学はそのようなものとして普遍性と必然性とを主張できる学問なのである。この学問の可能性を否定しないのであれば、私たちは、空間が感性的直観の形式であることを認め、その形式において与えられる認識対象が現象であって物それ自体ではないことを認めなくてはならない。

物それ自体が認識できないという主張は観念論なのか

それにしても、直前の引用文の書き出し、すなわち「思想の中のこのような空間」に引っかかりを感じた人はいないだろうか。空間は感性的直観の形式（外的対象を感じる形式）だとあらためて主張するための文章なのに、その書き出しに「思想の中」と記すとは、カントはどういうつもりなのだろう。思想は悟性によって「考えられたもの」であり、感性形式である空間を表現するのにふさわしくないのではないか。もっと言えば、「思想の中の空間」に外的対象の表象（現象）が与えられるのだとすると、すべては私の思考の中のできごとなのだろうか、そうだとすると、私の外に物体があるなどと言えなくなるのではないか。これって、カンネンロンではないか。こうした疑問を誘発する表現をカントは、あえて採用したのかもしれない。それによって、カントの所説をたんなる観念論と誤解した人に対しその誤解を解くために、である。もちろん、素直に読めば、「思想の中のこのような空間」とは、訳文中に記したように「外的現象の形式と考えられた空間」の意に過ぎないのだが。

注二ではこうした問題が扱われる。まずは、カントによる「観念論」の規定を引用しよう。

観念論とは、次のような主張である。思考する何らかのもの以外に何も存在しないのであり、私たちが直観において知覚すると信じている他のものは、思考する何らかのものの内なる表象に過ぎない。こうした表象に対して、この思考する何らかのものの外にある対象が対応することはないのである。（Ak288—289、中公61—62、岩波80—81）

観念論は実在論の対義語である。観念論は、存在するのは「思考する何らかのもの」、たとえば、考えている限りでの人間精神だけだと主張する。それ以外の一切のものは実在せず、私たちが外界の対象を知覚していると思っても、それは私たちの表象に過ぎないのである。このように断言する立場を、カントは次の注三において、バークリ（George Berkeley, 1685-1753）の名前とともに「空想的な観念論」と呼んでいる。また、『純粋理性批判』では「独断論的観念論」（B274）と呼ばれている。バークリの著作『人知原理論』（一七一〇年）の次の一節は、この引用文との連関をさらに明確にしてくれる。「知覚されることにまったく関係のないような、思考しない事物の絶対的存在など、私にはまったく不可解である。それらが存在するとは知覚されることである。」すなわち、「思考する何らかのもの」ならざる物質（「思考しない事物」）の世界は、それが知覚される限りでのみ実在的だというのである。カント自身の主張を聞こう。

私が言っているのは、これとは反対のことである。すなわち、私たちにとって諸物は、私たちの外にある諸対象として私たちの感官に与えられているのである。もっとも、その物がそれ自体において何であるかを私たちが知ることはまったくない。私たちが見知っているのはもっぱらその現象である。現象とは、物が私たちの感官を触発することで私たちの内にひき起こす表象である。したがって、私はもちろん、私たちの外に物体があることを認める。(中略)いったい人はこれを観念論と呼ぶことができるだろうか。これは、まさに観念論の正反対である。(Ak289、中公62、岩波81、強調は引用者)

私たちは、たしかに感性によって対象を受容する。しかし、それは「外にある対象として」受け取るのであり、それこそが空間意識の本質である。もちろん、受け取られた対象は現象であって物それ自体ではない。しかし、現象は物それ自体でないのだという否定は、現象を「ひき起こす」物の存在を否定してはいないのである。こうして、カントの空間論がバークリ流の観念論を論駁する機能をもっていることが明らかにされたのである。

現象は仮象ではない

注三では、観念論の問題がさらに深められる。注二で扱った観念論は、言ってみればその極端な形態のものである。それを論駁することはたやすいが、一切の観念論が廃棄されるべきかどうかは別問題である。そもそも、カント自身、ア・プリオリな直観の可能性を求めることで、空間と時間を「感性の形式」だと主張している。これは、認識主観の側にそれらを位置づけることである。その点で、第二章で説明したような「超越論的」な原理としての空間と時間は観念的性格すなわち観念性をもつと言わざるを得ないし、カント自身それを否定しない。それを認めてなお、私たちはみずからの外に物体があることを認めることができるのである。そこでカントは、注三を次のように書き出す。

さて、このことから容易に予見可能だがささいな反論が、まったくたやすく退けられる。それは、空間と時間の観念性によって全感性界がまったくの仮象と化してしまうだろう、という反論である。(Ak290、中公64、岩波83)

この引用文に表れた「仮象」の問題こそが、認識対象は「現象」であるとするカントの所説が立ち向かわねばならないものである。この問題を解くに当たって、カントはまず、私たちがここで論じてきた感性は悟性と異なる能力であることを思い出させる。次に、仮象の対義語が「真理」であることを示唆する。というのは、「全感性界がまったくの仮象と化してしまう」という反論は、私たちの感じている領野の一切が仮象によって誤って導かれることで虚偽になってしまうという危惧の表明だからである。さて、悟性は考える能力であり、その思考は判断として表現される。このとき、判断については、それが真理であるか虚偽であるかが問題になる。では、感性によって感じたことについても、真偽を問えるだろうか。それは無理である。たとえば、西の空に光る星座が山の端に沈むのを眺めているとしよう。このとき、物体としての星々が地球の周囲を巡っているのがその原因であると、悟性によって判断するなら、それは誤りである。動いているのは地球の方だから。しかし、「あの星座が沈むなあ」と見ているとき、そこには真も偽もない。客観としての星々について判断しているわけではないからである。

こうしてみると、感性のことがらには真も偽もないことが分かる。そこでカントは次のように記している。

> 仮象は感官の責任ではなく悟性の責任である。現象に基づいて客観的な判断を下すのは、ひとり悟性である。（Ak291、中公65、岩波85）

先の「全感性界がまったくの仮象と化してしまう」という反論は、感性のことがらに真偽を持ち込んでいる点で的外れであることがこの引用文から明らかだろう。感性界はたしかに現象の世界である。しかし、それは仮象の世界ではない。現象は仮象ではないのである。

さらにカントはここで、「空間と時間の観念性」というみずからの所説について、その意義を二つ述べている。一つはすでに注一で確認したことである。すなわち、空間と時間をア・プリオリな感性形式と認めることで、幾何学におけるような数学のア・プリオリな認識が現実の対象に適用できることを保証できることである。数学そのものもけっして仮象ではない。他の一つは、空間と時間をア・プリオリな感性形式と認めることこそが、「超越論的仮象」を防止する唯一の手段だということである。「超越論的仮象」とは、カントが『純粋理性批判』の「超越論的弁証論」で論じ『プロレゴーメナ』では第三部で扱う「仮象」である。この話題は後に解説するが、特に「理性の二律背反」というカント批判哲学の根本問題である。ここでカントが示唆しているのは、空間と時間の「観念性」を認め、それらが物それ自体の性質ではないという批判的見地に立ったとき、私たちは「理性の二律背反」を克服できるということである。

みずからの観念論をどう呼ぶか

以上の議論を踏まえてカントは、『純粋理性批判』におけるみずからの表現に訂正を加える。これは、同書の公刊後、それに向けられた無理解を踏まえてのことである。「空間と時間の観念性」の理説を、カントは同書で「超越論的観念論」（A491／B519）と名づけた。それが上述のバークリの「独断論的観念論」やデカルトの「経験的観念論」との混同を招いたのではないか。ここでデカルトの観念論とは、『純粋理性批判』では「蓋然的観念論」（B274）と名づけられているように、「我思う、ゆえに我あり」を疑うことのできない出発点としつつも、空間中に物体が存在することは疑わしいとする立場である。（『純粋理性批判』では、デカルトとバークリの立場がまとめられて「経験的観念論」と呼ばれている。）

もちろん、すでに極端な観念論は退けられているが、カント自身も「観念論」という表現を用いている以上、そこには何らかの区別が設けられねばならない。これまで説明した内容と重複する部分も多いが、まとめをかねて注三の末尾付近から引用しよう。

> 私が名づけたこのような観念論は、事物の現実存在にかかわるものではない。（もっとも、事物の現実存在を疑うことが、本来は、受け取られている意味での観念論を形成するのだが。）というのは、事物の現実存在を疑うことなど、私にはまったく思いもよらないことだったからである。むしろ、私が名づけた観念論は、もっぱら事物の感性的表象にかかわるのであり、空間と時間はこうした感性的表象のいちばん上に〔すなわち形式として〕位置づくのである。また、空間と時間について、したがって一般にすべての現象について私はもっぱ

ら、それらは事物ではなく（たんなる表象様式であり）、事物それ自体に帰属する規定でもないということを示した。しかし、超越論的という言葉は、私の場合、認識の物への関係を意味するのでなく、たんに認識の認識能力への関係を意味するので、先に挙げたような誤解を防ぐはずのものだった。しかし、このような呼び方がさらなる誤解をひき起こすくらいなら、私はむしろこの呼び方を撤回し、それを批判的観念論と呼んでもらいたいと思う。

（Ak293、中公69―70、岩波89―90）

ここでカントは「超越論的観念論」という表現を撤回し、それをあらためて「批判的観念論」と名づけている。しかし、思想の内容が変化したのではない。自分が「超越論的」と言えば、「対象」とのかかわりではなく「認識能力」とのかかわりを意味するのだと、『純粋理性批判』（A11―12）で説明したのだから、「超越論的観念論」という呼称も、認識能力に向けられたものだと分かってもらえそうなものなのに、それを分かってくれないなら「批判的観念論」と呼ぶことにするよ、と言いたいのである。

『純粋理性批判』の超越論的感性論に相当する内容を論じた第一部はここで終わる。私たちの認識対象は「現象」であり「物それ自体」ではない、しかし、「現象」はけっして「仮象」ではないことに納得いただけただろうか。

第四章

「自然科学」がどうして可能なのかを問うてみる

『プロレゴーメナ』第二部は、§14から§39までの全二十六節からなり、全体の表題として「いかにして純粋自然科学は可能か」という問いが掲げられている。これは、緒論に示された第二の問いである。第二部は比較的長いので、本章ではその前半部を検討しよう。本章で検討する箇所は、『純粋理性批判』における「超越論的論理学」の前半部「超越論的分析論」の「概念の分析論」と「原則の分析論」に相当する。ということは、本章で扱う内容には、『純粋理性批判』の中で最も読解困難な「純粋悟性概念の演繹」が含まれることになる。さあ、たいへん……。しかし、カントはここで、『純粋理性批判』とはまったく別の説明戦略を繰り広げることになる。

超越論的論理学とは

この第二部の内容は「超越論的論理学」に含まれるものであり、ここでは考える能力としての「悟性」が中心的に論じられる。第一部で中心的に論じられた、感じる能力としての「感性」から、「悟性」へと進むのである。思考の形式や規則を扱う学問は論理学と呼ばれる。したがって私たちはここで論理学の領域に入ることになる。まず、『純粋理性批判』の記述を援用して「超越論的論理学」とは何かを確認しておきたい。そこでカントは、「超越論的論理学」を「一般論理学」と対比することで説明する。すなわち、「一般論理学」は、認識のすべての内容を廃棄して、思考一般の形式のみを扱う。思考のレベルで筋が通ってさえいれば、その思考にリアリティーがあるかどうかは問わない。つまり、認識と対象との関係は問題にならないのである。

しかし、私たちがたんに考えるのみならず認識する際には、〈何か〉を考え〈何か〉を認識している。このような具体的な思考に定位するなら、内容をすべて廃棄するのではない論理学を構想することが必要である。そうはいっても、ア・ポステリオリで経験的な内容は千差万別なので、それに基づいて論理学を構想することなどできない。そこで、「超越論的論理学」が、認識と対象とのア・プリオリな関係を問題にすることになる(A55−56/B79−80)。具体的には後述するが、悟性が産出する概念や理性が導出する概念が、いかにして対象と関係することができるか、あるいはできないかが問題になる。ただし、これは「超越論的」批判のことがらなので、話題の中心は認識対象ではなくあくまで認識能力である。

一　自然とは何か（§14から§17）

さて、カントは「純粋自然科学」の可能性を論じるに先立ち、§14から§17で「自然」とは何かを論じる。「自然」という言葉を私たちは多義的に使っている。たとえば、「それって自然なことだよね」とか、「美しい自然を守れ」とか。このような「自然」の多義性を踏まえ、カントの議論も進行する。

自然の形式面

さっそく§14の冒頭から引用しよう。

> 自然とは諸事物の現存在である。ただし、その現存在が普遍的諸法則に従って規定されている限りでの、諸事物の現存在である。もし自然が物それ自体の現存在を意味するはずだとするなら、私たちは自然をけっしてア・プリオリにもア・ポステリオリにも認識できないだろう。（Ak294、中公71、岩波91）

「自然」は、普遍的法則によって規定されて現にある。たんに現にあるのでなく、普遍的法則に従って現にある。これが、自然がもつ形式である。だからこそ自然科学者は、実験・観察に基づいて、自然法則を発見しようと研究するのである。カントは、自然科学が対象とする自然はすでに法則的秩序をもったものだと言う。しかも、そうした「事物の現存在」はけっして物それ自体ではない。なぜなら、「現にある」とは、空間や時間の中にあること、たとえば〈いま・そこに〉あることであり、それは現象だからである。

さらにカントは、自然が何ものともそして私たちとも無関係に独立して存立する「物それ自体」だとするなら、私たちは自然をア・プリオリにもア・ポステリオリにも認識できないだろうと述べ、自然が「物それ自体」ではないことを指摘する。物それ自体としての自然を認識しようと思うなら、そうした自然があらかじめ与えられていなければならない。しかし、そうした自然への接近はア・ポステリオリにのみ可能なことである。したがって、そうした自然を私たちはア・プリオリに認識できない。では、物それ自体としての自然をア・ポステリオリに認識できるだろうか。なるほど、そうした自然にア・ポステリオリに接近することはできるかもしれない。しかし、そうした経験から自然の普遍的法則を認識できるだろうか。それはできない。カントはこの事情を次のように上手にまとめて表現している。

なるほど、経験は私に、何があるか、そしてそれがいかにあるかを教えてくれる。しかし、経験はけっして、それが必然的にそうでなければならず、それ以外であってはならないことを教えてはくれない。（Ak294、中公72、岩波92）

経験は事物の現存在の必然性を教えない。これは、自然科学が経験科学であるという私たちの理解に対して、挑発的な主張である。しかし、実際はそのとおりではないだろうか。手に持ったボールから手を離せば、そのボールは落下するだろう。この落下という事態を私たちはたしかに経験することがある。しかしそれは、手に持ったボールから手を離せば、そのボールが必然的に落下することを保証しない。私たちは、これまでの経験に基づいて形成された〈こころの習慣〉に従って、必ず落下すると思っているに過ぎないかもしれない。これでは客観的な自然科学が成立し得ないのではないだろうか。

そこで、§15の冒頭で、カントは次のように記している。

さて、それにもかかわらず私たちは現実に純粋自然科学を所有している。この純粋自然科学はア・プリオリに、そして確然的命題に必要とされるすべての必然性とともに、自然がその下にある諸法則を提示する。(Ak294−295、中公72、岩波93)

これはすでに§5で言及されていたことだが、カントは議論の出発点に、純粋自然科学が現実に存在することを置いている。そうした自然科学は、ア・プリオリであるがゆえに経験に依存せず、必然的な自然法則を提示するという。なお、この引用文に「確然的命題」という表現が見られる。その説明をしておこう。私たちは、すでに〈考える〉能力の領域に入っている。さて、私たちは〈考える〉際に判断する。そしてその判断を命題形式で表現する。このとき、そうした判断が「SはPであらざるをえない」という必然性の意識を伴って表現される場合、それが「確然的」判断であり、そうした命題が「確然的」命題である。この判断はやがて、§21で提示される「判断の論理的表」の「様相」の項目の一つとして表れる(後に掲げる表1を参照)。

このようなア・プリオリで確然的な法則を提供できる自然科学を私たちはすでに所有している

と、どうして言えるのだろうか。§15でカントは、「一般自然科学」がその証人になるとしている。一般自然科学は、経験に基づく自然学に先行する予備学である。この学には、たしかに私たちが経験から学んだ概念（運動、不可入性、慣性など）が含まれるものの、普遍的で必然的な原則もまた含まれる。後者の例としてカントは、「実体は留まりかつ持続する」や「すべての生起するものは、いつでも、恒常的な法則に従った原因によって前もって規定されている」を挙げている。こうした普遍的な原則が存在する以上、純粋自然科学もまた現実に存在するのである。私たちの課題は、むしろ、第二部の表題として掲げられた問い、「いかにして純粋自然科学は可能か」に答えることである。

対象としての自然

これまでの議論では、「自然」はその法則性の側面からのみ説明されていた。しかし、「自然」はそれを観察する私たち（主観）にとっては客観であり、経験において対象とされるものである。そこで§16の冒頭には次のように記される。

自然という言葉は、もう一つ別の意味をもっている。すなわち、上記の〔§14冒頭の〕意味での自然が、もっぱら物一般の現存在の諸規定の合法則性だけを指していたのに対して、客観を規定する意味である。したがって、自然とは、内容的に見るなら、経験のすべての対象の総体である。(Ak295、中公73、岩波94)

「自然」には、〈形式面からみた自然〉に加えて〈内容面からみた自然〉という二側面がある。前者は、「物一般の現存在の諸規定の合法則性」を意味する。すなわち、どんな物でも現にある場合は法則性に合致して存在することを意味する。たとえば、水が低きにつくのは自然なことなのである。他方、後者は、その都度、法則性の下で経験される対象(たとえば、水もその一つ)の総体を意味する。自然保護というときの「自然」も、この後者の意味である。このような自然の第二の意味を確定することは重要である。というのは、自然が「経験のすべての対象」であるとされることによって、超自然的なものが経験的認識の対象から排除されるからである。

自然の二義を踏まえた、アプローチの選択

さて、「いかにして純粋自然科学は可能か」という問いに含まれる「自然」に二つの意味があることが明らかになった。もちろん、これは「自然」が二とおり存在することを意味しない。自

然に対するアプローチに二とおりがあることを意味するに過ぎない。そこで、カントは件の問いに答える道筋を選ぶべく、§17で次のような選択肢を提示する。

さて、私は問う。ア・プリオリな自然認識の可能性が問題となっている場合、次の課題設定のいずれがよりよいだろうか。いかにして経験の対象としての物の必然的な合法則性をア・プリオリに認識することが可能か。それとも、いかにして経験のすべての対象一般にかんして経験そのものの必然的な合法則性をア・プリオリに認識することが可能か。(Ak296、中公75、岩波95—96、強調はカント)

ここには二つの問いが掲げられているが、それらにどのような相違があるだろうか。いずれもア・プリオリな認識の可能性を問うているが、その対象に相違がある。第一の問いは「物の必然的な合法則性」を対象とし、第二の問いは「経験そのものの必然的な合法則性」を対象としている。これを〈客観的アプローチ〉と〈主観的アプローチ〉と呼ぶことができるだろう。(§16との関係では、前者は〈内容面からみた自然〉に定位し、後者は〈形式面からみた自然〉に定位している。)第一の問いは、経験の対象(客観)としての自然にかんして合法則性を問うているのに対し、第二の問いは、認識主観が行う経験そのものにかんして合法則性が問われているからである。

カントはまず、いずれのアプローチも可能であることを認めつつ、次のような理由に基づいて〈客観的アプローチ〉を採る方が適切であると言う。すなわち、〈主観的アプローチ〉には、それが「対象一般」と向き合う主観のア・プリオリなあり方を問うことで、対象面に「物それ自体としての自然」を誤って想定してしまう危険があるからである。認識主観の能力を単独に取りだす議論にはこのような落とし穴がある。むしろ、私たちは第一の〈客観的アプローチ〉を採用して、ことがらが認識と対象との関係であることを見失わないようにしなくてはならない。それは、「ア・プリオリな自然認識」において物の自然（本性）をア・プリオリに認識することを可能にする条件を問うことで、この物が経験の対象としてのみ可能であることを明確にすることである。

なお、〈主観的アプローチ〉も、それが誤解へと導く危険を伴うことを除けば、不可能ではない。カントは、両アプローチについて、次のように記している。これはカントの批判哲学の根幹にかかわる発言なので、引用しておこう。

よく見てみるなら、問題がどちらの仕方で提示されようと、問題の解決は、純粋自然認識（これが本来、問題のポイントをなしているのだが）にかんして、まったく同一の結果になるだろう。というのは、物の経験認識がその下でのみ可能になる主観的法則は、可能的な経

験の対象としての当該の物にも妥当するからである。(Ak296、中公75、岩波96)

「純粋自然認識」という限定の下では、〈主観的アプローチ〉も〈客観的アプローチ〉も同じ結果になる。カントはそう言える理由を、経験認識の主観的条件がその認識の対象にも妥当するからだと言う。私たちが何かを知覚するとき、その知覚から〈経験〉を成立させる条件こそが、実は、経験という名の経験的対象認識がもつ〈対象〉の条件にもなっているというのである。これはなかなか納得するのに手間がいる事態である。そして、この事態を論証することこそが、『純粋理性批判』の「超越論的分析論」の、また『プロレゴーメナ』第二部の中心的な課題である。

二　知覚判断と経験判断(§18、§19)

ここでカントは、この『プロレゴーメナ』という著作に特徴的な道具立てを導入する。それが「知覚判断」と「経験判断」との区別である。あらかじめ記すなら、この両者の差異を見定めることが、『純粋理性批判』の難所である「純粋悟性概念の超越論的演繹」論の代わりをなすことになる。なお、両者の差異に関連してカントは、客観的とはどういうことかについても説明を加えている。さっそく§18の冒頭を引用しよう。

さあそこで私たちが最初に注意しなくてはならないのは、次のことである。①すべての経験判断が経験的であるとしても、すなわちその根拠を感官の直接的知覚のうちにもつとしても、それだからといって反対に、すべての経験的判断が経験判断であるわけではないこと、②また、〔経験判断には〕経験的なものに加えて、そして一般に、感性的直観に与えられたものに加えて、さらに、特殊な概念がつけ加わらねばならないこと、である。その特殊な概念とは、その根源をまったくア・プリオリに純粋悟性の内にもつものであり、どのような知覚もまずもってその概念の下に包摂されることができ、それからその概念を介して経験へと変化させられることができるような概念である。(Ak297、中公77、岩波98、①②は引用者による挿入)

これはカントらしい長い一文である。便宜上、①②の二つに分けて読解したい。

経験的判断と経験判断

まず、①だが、日本語で読むと実に分かりづらい。「すべての経験判断が経験的であるとしても、（中略）すべての経験的判断が経験判断であるわけではない」とは、どういうことだろうか。まず、「経験」と「経験的」は、ドイツ語のErfahrungとempirischの訳語である。日本語でよく似た訳語になっていても、原語でなら一目で違うことが分かる。では、「経験判断が経験的である」とはどういうことか。それをカント自身が「その根拠を感官の直接的知覚のうちにもつ」と説明してくれている。つまり、「経験的」とは、感官に直接的に与えられた知覚に依存するということである。いかなる経験判断も経験的なものとして、知覚に依存するのである。他方、「すべての経験的判断が経験判断であるわけではない」とも言われていた。言い換えれば、知覚に依存する判断であっても経験判断でないものがある、ということである。それが「知覚判断」である。

経験判断は純粋悟性概念を必要とする

次に②だが、経験判断には知覚に加えてア・プリオリな概念が必要であり、そのような概念に包摂されることで知覚は経験になる、という。この引用箇所では、経験判断が成立するためにア・プリオリな「概念」が必要だという指摘が重要である。私たちはここで、認識には「直観」

と「概念」の双方が必要だというカントの主張を思い出すことが肝要である。ただし、ここで言及される「概念」は、コップや水といった、経験から学んだア・ポステリオリな経験的概念ではない。それは、純粋悟性を起源とするア・プリオリな概念である。カントはここで、考える能力としての悟性が、経験に依存することなく、純粋概念を産出することを想定している。これはいったいどのような事態なのだろうか。この問題は、§17で説明した〈主観的アプローチ〉によって解明すべきものなのだが、ここでは〈客観的アプローチ〉に基づいたカントの議論を追おう。

先の引用文に引き続き、次のように記される。

> 経験的判断は、それが客観的妥当性をもつ限りで、経験判断である。しかし、たんに主観的に妥当するだけなら、私はそれをたんなる知覚判断と名づける。知覚判断は純粋悟性概念を必要としない。それはただ、思考する主観における諸知覚の論理的な結合を必要とするに過ぎない。他方、経験判断はつねに、感性的直観の諸表象に加えて、さらに、悟性において根源的に産出された特殊な概念を要求する。そのような概念こそが、経験判断が客観的に妥当するようにさせるのである。（Ak298、中公77、岩波98―99）

この引用文で、経験的判断が経験判断と知覚判断の二つに区分され、前者が客観的妥当性をも

経験的判断	経験判断（客観的に妥当しうる）
	知覚判断（主観的にのみ妥当する）

図１　経験的判断の２区分

つのに対し、後者は主観的妥当性しかもたないことが指摘される（図1）。経験判断の成立には、「悟性において根源的に産出された特殊な概念」である「純粋悟性概念」が必要だが、知覚判断にはそれが必要でなく、たんに主観が知覚を結合するだけでよい。知覚の結合とは、たとえば、いま自分が食べた物体をケーキと名指されるようなものとして知覚し、それを甘いと知覚し、両者の知覚を結合して、「このケーキは甘い」と判断するようなことである。これなら、私たちは日々行っている。私たち自身に即すなら、私たちの判断はまずもって「たんなる知覚判断」なのである。この判断は私にだけ妥当する。なぜなら、「甘い」という判断は、〈私は甘いと知覚しているのであり、甘くないと知覚しているのではない〉という、主観にかんする判断であり、ここには他人が介入する余地がない。いっしょにケーキを食べた友人が、「私はそんなに甘くないと思うよ」と言ったとしても、私の感じた甘さにも私の判断にも変化が生じるわけではない。

しかし、私たちが経験的に行っている判断には、そうした知覚判断とは異なり、客観にかかわるものがある。たとえば、夕方の空を見上げて、「あれは金星だ」と判断するとき、その判断は主観についてでなく客観について行われている。しかも、この判断が西空に輝く対象と一致している場合、誰が判断しても同じ結論を得るはずである。仮に誰かが「あれは火星だよ」と言ったとしたら、「この季節、火星がこんな時間にあんなところに見えるはずはなかろう」という反対意見が提起されることになる。ここから分かるのは、客観について下される判断が正しい客観的判断であるなら、それは普遍的に妥当する、つまり誰が判断しても同じになるということである。逆に、私たちがある判断を普遍的に妥当すると見なす場合、それは、当該の判断が主観にではなく客観に妥当するからである。§19冒頭の言葉を引用するなら「客観的妥当性と（あらゆる人にとっての）必然的な普遍妥当性とは交換概念なのである。」（Ak298、中公79、岩波100）ここで「交換概念」とは、入れ替え可能な概念という意味である。

こうした経験判断を可能にするには、私たちが、自分ひとりの主観の知覚と向き合うのでなく、あらゆる他人と共通の対象をもつことができるのでなければならない。カントの用語では「対象の統一」がなければならない。この「対象の統一」を実現するには、特殊な概念である「純粋悟性概念」が不可欠だというのが、カントの主張である。

交換概念としての、「客観的妥当性」と「必然的な普遍妥当性」

§19では、「客観的妥当性」と「必然的な普遍妥当性」とが交換概念であることを見いだしたことの意義が確認される。まず、一文を引用しよう。

私たちが客観それ自体を知らないとしても、それでも私たちがある判断を共通妥当的、したがって必然的であると見てとる場合には、まさにその判断において客観的妥当性が理解されているのである。（Ak298、中公79、岩波100）

上述の交換概念を踏まえるなら、私たちが認識の対象について普遍妥当的な判断を下す場合、そうした判断は客観的妥当性をもつ。これは重要な視点である。というのは、私たちは、すでに私たちの認識の対象が現象であって物それ自体（客観それ自体）でないことを確認したからである。この理解に従うと、私たちには客観的な認識ができないかのように思われてくる。しかし、私たちが現象について普遍妥当的な判断を下せるなら——そして自然科学においては実際それが行われている——、そこに客観的な判断が成立するのである。

では、私たちが必然的で普遍妥当的な判断を下せる条件は何だろうか。それこそが「純粋悟性概念」であることが、次の引用に記されている。

普遍妥当性は、決して経験的な諸条件に、いやそれどころか一般に感性的な諸条件に基づかず、純粋悟性概念に基づく。客観は、それ自体としてはつねに知られないままに留まる。しかし、もし悟性概念によって、私たちの感性に客観によって与えられた諸表象の結合が普遍妥当的なものとして規定されるなら、対象はこの関係によって規定されるのであり、またこの判断は客観的である。（Ak 299、中公79、岩波100―101）

悟性は〈考える能力〉として判断する。判断するとは、感性に与えられた複数の表象を結合することである。この結合がたんなる諸表象の主観的な関係ではなく普遍妥当的な関係であるなら、私たちは統一された対象について客観的な判断を下していると言えるのである。

純粋悟性概念の演繹に代わって

以上のことから、純粋自然科学の対象としての「自然」を可能にする条件は、知覚判断から経験判断を形成する条件であり、それこそが純粋悟性概念であるという見とおしを得た。自然科学は実際に成立しているのだから、そして私たちは知覚判断と経験判断との差異を理解しているのだから、悟性に由来する純粋概念がなくてはならない。この「なくてはならない」が重要である。

私たちは純粋悟性概念がなければ実現しないはずの事態をすでに手にしている。ということは、私たちは純粋悟性概念をも手にし活用しているはずである。私たちは、いまだそうした概念の実際を理解していなくとも、権利上そうした概念をもっているはずである。これが明らかにできたということは、『純粋理性批判』における「純粋悟性概念の超越論的演繹」論の目的を私たちがすでに何ほどか果たしたのだと言ってもよい。先に記したように、カントが「知覚判断」と「経験判断」との差異に注目して展開した議論は、純粋悟性概念の演繹論の代わりをなしているのである。

三　いかにして経験判断は可能か（§20、21、21 a、22）

主観的な知覚判断とは異なる客観的な経験判断が成立するためには、純粋悟性概念がなくてはならない。このような主張を何か一方的な断定であると受け止める人もいるのではないだろうか。要するに、そこに話を落としたいんでしょ、と。そこで、§20でカントはまず「経験一般」を分析した上で、「いかにして経験判断そのものが可能か」を論じる。これによって、経験判断（すなわち経験）において純粋悟性概念がどのような役割を担っているかが明らかになれば、純粋悟性概念がリアルに取りだされるであろう。

経験一般の分析——意識一般の析出

§20の第一段落では「経験一般」が分析される。認識には、感性と悟性という能力が必要である。さて、経験もまた認識（経験的認識）であるから、感性と悟性によって産出される。したがって、経験には、感性的な契機として知覚（意識された直観）と悟性的な契機として判断が必要である。後者の判断（経験的判断）には、私たちがすでに検討したように、知覚判断と経験判断がある。知覚判断は主観的であり、諸知覚を結合するものであり、認識主観の状態を判断するものに過ぎない。この判断が客観の経験に届くことはない。では、経験判断は、何ができたときに成立するのだろうか。それをカントは「私が知覚を意識一般において結合するとき」（Ak300、中公81、岩波103）と記している。結合されるものが知覚であっても、〈私の主観的意識〉ではなく「意識一般」においてそれが結合されるとき、経験が成立するというのである。意識一般とは、〈私の意識〉や〈君の意識〉を概念的に包み越えた意識である。そんな意識がどこかにあるだろうか。あるのは〈私の意識〉や〈君の意識〉だけなのではないか。いや、それでは自然科学が成立するはずがない。権利上、〈私の意識〉や〈君の意識〉に通底する「意識一般」の可能性が想定され、そこで諸知覚が結合されるとき、経験判断が成立するのである。こうして、カントは経験一般の分析を通して「意識一般」というキーワードを取りだした。以上の分析を踏まえて、§20の第二段落冒頭で、次のようにまとめられる。

(a)したがって、諸知覚から経験が成立可能になるより前に、なお一つのまったく別の判断が先行する。(b)与えられた直観が、次のような概念の下に包摂されねばならないのである。それは、①直観にかんする判断一般の形式を規定し、直観の経験的意識を意識一般において結合し、そして②それによって経験的な諸判断に普遍妥当性を得させるような概念である。③こうした概念が、ア・プリオリな純粋悟性概念である。④この概念が行うのは、直観に対して、いかにしてそれが判断に資することができるかという仕方一般を規定することに他ならない。(Ak300、中公81、岩波104、(a)と(b)、①②③④は引用者による挿入)

これは難解な引用文である。(a)は、主観の意識における知覚判断と客観的な経験判断との間に「なお一つのまったく別の判断」が存在することを示唆している。(b)では、その判断において働く概念について述べられている。これは、ドイツ語原文では一文で記されていて、カントらしいと言えばそれまでだが、読者泣かせの文である。がんばって分節化して読み解いてみよう。

純粋悟性概念に基づく判断

経験すなわち経験的認識が成立するには、直観と概念とが必要である。この両者は判断によって関係づけられる。すなわち、与えられた直観が概念の下に包摂されるという仕方で関係づけられる。たとえば、三月末に校庭で美しい花を咲かせている樹木を見て（直観し）、それを桜という概念の下に置くことで、〈今年も桜が咲いている〉という判断が下される。これは客観的な判断である。このとき、与えられた直観は主観において意識されている（知覚されている）に過ぎないが、そこに「次のような概念」がかかわることで客観的な判断が成立するのである。この引用文では、その概念について四つのことが言われている。①その概念は、与えられた直観が具体的にどのようなものであれ、それについて判断を下す形式である。この形式としての概念によって、私たちは意識一般において知覚を結合することができる。②具体的で経験的な直観にかんする判断でも、この概念に従うことで普遍妥当性をもつことができる。それは、たとえば「桜」というような概念、経験的に学んだ概念ではない。そうした概念とは質的に異なる、ア・プリオリな概念である。そうでなければ、普遍妥当性をもたらすことなどできない。③そうした概念こそが、「純粋悟性概念」である。④私たちは、知覚判断と経験判断とを区別することができ、後者の普遍妥当性を認めている。具体的な経験判断は個人が直面する事態において下される判断であるにもかかわらず、それが普遍妥当性をもてるのは、それに先行して純粋悟性概念が直観一般に対する判断を規定しているからである。

分節化してみても、やっぱり難しい。どうにもつかみどころのないことが書かれているように思われる。そこでカントは空気の弾性にかんする例を挙げて説明している。言葉を補いながら考えてみよう。先端をふさいだ注射器があるとしよう。その円筒内には空気が入っている。私がピストンを押すなら、若干それは押し込まれるものの、すぐに押し返されるという感覚を得るであろう。この例において、私は円筒内の空気を知覚するとともに、ピストンが押し返されることを知覚している。さて、この二つの知覚を結合して、〈空気がピストンを押し返す〉と判断するならどうだろうか。あるいは〈空気が円筒内でピストンによって押されるなら、空気はピストンを押し返す〉という条件節が付いた判断、すなわち仮言(かげん)判断を下すとしたらどうだろうか。このとき、私たちは、ピストンが押し返されるという結果に対して、その原因が空気であると考えていることになる。先の二つの知覚には、原因や結果という概念などまったく含まれていないにもかかわらず、私たちはこれらの概念を用いてあらかじめ知覚を結合しているのである。

さて、〈空気がピストンを押し返す〉や〈空気が円筒内でピストンによって押されるなら、空気はピストンを押し返す〉という判断が客観的であるのは、それが私たちの主観的な意識に留まらない内容をもっているからである。この例に即すなら、これらの判断は、客観としての「空気」について客観的なことを記述している。すなわち、空気には弾性がある、という普遍妥当的な主張をしているのである。「空気」も「弾性」も「ピストン」も「押し返す」も経験的な概念であるにもかかわらず、それによって普遍妥当的な判断が成立するのは、件の「なお一つのまったく別の判断」が純粋悟性概念によって可能になっているからなのである。以上のように、経験一般を分析することによって、カントは「意識一般」を取りだし、そこで純粋悟性概念がア・プリオリに知覚を結合することで客観的な経験判断が可能になることを明らかにしたのである。

三つの表が提示される

経験判断が成立するためには、あらかじめ純粋悟性概念が、意識一般に与えられる直観一般を規定しているのでなければならない。この観点から、カントはすべての純粋悟性概念を表として提示する。そのための手がかりは、経験判断がまさに判断だというところにある。私たちは判断作用によって直観を概念に包摂するのだから、悟性が行う判断作用のすべての契機（要素）を表として提示できれば、それとまったくパラレルに純粋悟性概念の表もまた提示できる。さらには、純粋悟性概念と直観とによって可能になる経験（経験的認識）について、その可能性のア・プリオリな諸原則もまた明らかになる。これらは『純粋理性批判』においては別々に（「概念の分析論」における第九節と第十節、「原則の分析論」における「純粋悟性のすべての原則の体系」で）提示されるが、『プロレゴーメナ』では§21で一挙に提示される。なお、判断の表から純粋悟性概念の表を導出することで、後者がア・プリオリな源泉をもつことを明らかにする手続きは、「形而上学的演繹」（B159）と呼ばれ、超越論的演繹から区別される。さっそく三つの表を見てみよう（次頁）。

これらの表のうち、「悟性概念の超越論的表」として掲げられたのが、「純粋悟性概念」のすべてである。それを導出するための「判断の論理的表」の各項について、カントはそれを説明していないが、次のように表現できる。なお、「自然科学の普遍的原則の純粋自然学的表」の各項は、後に説明される。

1、量について
全称判断　すべてのAはBである。
特称判断　いくつかのAはBである。
単称判断　ある一つのAはBである。

表1　判断の論理的表

1.
量について
全称的
特称的
単称的

2.
質について
肯定的
否定的
無限的

3.
関係について
定言的
仮言的
選言的

4.
様相について
蓋然的
実然的
確然的

表2　悟性概念の超越論的表

1.
量について
単一性（単位）
数多性（分量）
全体性（全体）

2.
質について
実在性
否定
制限

3.
関係について
実体
原因
相互性

4.
様相について
可能性
現存在
必然性

表3　自然科学の普遍的原則の純粋自然学的表

1.
直観の公理

2.
知覚の予料（よりょう）

3.
経験の類推

4.
経験的思考一般の要請

2、質について
肯定判断　AはBである。
否定判断　AはBでない。
無限判断　Aは非Bである。
3、関係について
定言判断　AはBである。
仮言判断　もしAがBなら、CはDである。
選言判断　Aは、BであるかCであるかDであるかのいずれかである。
4、様相判断
蓋然的判断　AはBかもしれない。（AはBであろう。AはBであることがある。）
実然的判断　AはBである。
確然的判断　AはBでなくてはならない。（Aは必ずBである。）

§21a――カントはここも§21と記している。すると§21が二つあることになってしまうので、区別するためにしばしば§21aと表記される――では、これらの論理的判断が「経験の中に存する」ことで経験判断が成立するために、さらに純粋悟性概念が必要であることが繰り返される。

続く§22は、カント自身によって「これまでの総まとめ」と記されている。内容上もたしかに「総まとめ」がなされているので、頭を整理するには、この節に立ち戻ってみるのがよいだろう。しかし、そうだからこそ、ここで同節を長々と引用することは、これまでの内容を反復することになってしまう。そこで、ここでは重要な文章を抜き出して、それを説明するに留めよう。

全判断の論理的契機には、すべての判断の数だけ、諸表象を一つの意識において結合する可能な仕方がある。他方、まさにその諸契機が概念として働く場合、それらは一つの意識における諸表象の必然的結合の概念なのであり、したがって、客観的に妥当する判断の原理なのである。（Ak305、中公88、岩波112）

この引用の第一文は、さまざまな判断をその契機に基づいて先の表のように分類するなら、その契機の数だけ意識において表象を結合する仕方があることを主張している。ここまでは一般論理学の話である。

他方、第二文は、認識と対象とのア・プリオリな関係を論じる超越論的論理学に属している。（超越論的論理学が一般論理学とどのように異なるかは、本章冒頭で説明しているので、そこを参照。）たとえば、関係についての仮言的判断の「仮言的」という契機が、概念として働く場合、それは諸表象を原因（と結果）という概念で結合することになり、それによって（もはや知覚判断のように主観的でない）客観的妥当性をもった判断が可能になるのである。ここでは、諸知覚とその結合だけでは主観的な次元を脱することができず、客観的な次元に達するには概念が必要であることが示唆されている。これは『純粋理性批判』で「概念なき直観は盲目である」（A51／B75）と記された事態である。このような、概念こそが客観性を産み出すという思想には、二十世紀に哲学の世界が経験した言語論的転回とは異なる哲学のアプローチの典型が見いだせる。それは、意識や表象に定位したまさに〈意識の哲学〉である。

四　自然科学の普遍的原則について（§23から§26）

§23から§26では、先に提示された「自然科学の普遍的原則の純粋自然学的表」が説明される（表3）。これは『純粋理性批判』の「原則の分析論」における「純粋悟性のすべての原則の体系」に相当する箇所である。

カントはまず、『プロレゴーメナ』第二部に掲げられた問い、「いかにして純粋自然科学は可能か」がこれまでの行論でもって答えられていることを主張する。すなわち、私たちはア・プリオリな感性形式（空間、時間）をとらえだし、その内容として与えられる諸知覚を結合するア・プリオリな規則としての純粋悟性概念を見いだしたのであるから、この両者によって構成される可能な経験の条件こそが純粋自然科学を可能にする原則なのである。そしてこの原則こそが、カントが「ア・プリオリな総合的判断はいかにして可能か」という問いに答えることで提示することができた、自然科学の根幹に位置するア・プリオリな総合的命題なのである。すなわち、自然科学は可能な経験の領域において自然法則を探究するが、そうした自然法則を可能にしているのが、この原則なのである。それぞれの原則がどのように「総合的」であるかは、後に掲げる「純粋自然学的表」の内容において確認できる。§23から引用しよう。

さて、可能な経験の諸原則が、同時に自然の普遍的法則であり、この法則はア・プリオリに認識され得る。かくして、私たちの目下の第二の問い「いかにして純粋自然科学は可能か」は解決されている。というのは、およそ学問の形式として要求される体系的なものが、ここには完全に見いだされ得るからである。（Ak306、中公89、岩波114―115）

この引用の第一文は、「可能な経験の諸原則」という認識主観のもつ条件が、同時に客観的な「自然の普遍的法則」であるという、カント認識論の核心的主張の反復である。それに加えて、およそ学問はそれが学問であるなら体系性というかたち（形式）をもつべきだが、これまでの手順がそれを保証しているとカントは主張する。すなわち、これまで「判断の論理的表」から「悟性概念の超越論的表」が導き出され、それに基づいて「自然科学の普遍的原則の純粋自然学的表」が提示されるわけだが、「論理的表」がすでに論理的体系を構成していて、それに基づく「超越論的表」もまた超越論的体系を構成しているのだから、この後者に基づいて提示される「純粋自然学的表」も自然学的体系すなわち「自然の体系」を構成するというのである。

純粋自然学的表の内容

先に提示した「純粋自然学的表」も、またそれにかんするこれまでの記述も、まったく具体性を欠いている。読者泣かせと言うほかない。カント自身、§24の冒頭に付した注で、§24から§26までの内容は『純粋理性批判』での記述を手がかりにしないと理解困難であると記している。そこで、まずは「純粋自然学的表」に『純粋理性批判』で論じられた内容を当てはめて提示してみよう。なお、同書では、「経験的思考一般の要請」以外について、第二版で書き換えが行われているので、その表現を採用する。

1 「直観の公理」の原理：「すべての直観は外延量(がいえん)である。」(B202)

2 「知覚の予料」の原理：「すべての現象において、感覚の対象である実在的なものは、内包量つまり度をもつ。」(B207)

3 「経験の類推」の原理：「経験は、諸知覚の必然的結合の表象によってのみ可能である。」(B218)

A. 第一類推：実体の持続性の原則

「現象のすべての変移に際して、実体は持続し、そして実体の量は自然の中で増えも減

りもしない。」（B224）

B．第二類推：原因性の法則に従った時間継起の原則

「あらゆる変化は、原因と結果の結合の法則に従って生起する。」（B232）

C．第三類推：交互作用あるいは相互性の法則に従った同時存在の原則

「すべての実体は、空間の中で同時的なものとして知覚され得る限り、一貫した交互作用の中にある。」（B256）

4 「経験的思考一般の要請」（A218／B265－266）

1．経験の形式的条件（直観と概念とにかんする）と一致するものは、可能的である。

2．経験の質料的条件（感覚）と連関するものは、現実的である。

3．現実的なものとの連関が、経験の普遍的条件に従って規定されているものは、必然的である（必然的に現実存在する）。

「直観の公理」と「知覚の予料」

この表の中から、まず「直観の公理」と「知覚の予料」が§24で言及される。「直観の公理」によれば、すべての直観は量の概念で把握できる。なぜなら、現象は、その形式面からみるなら、

直観を含んでいるが、その直観は一センチメートルや一分のような同種的な単位で把握できる量（すなわち外延量）で測定できるからである。この原理によって、経験に数学が適用できるのであり、私たちのア・プリオリな認識は大幅に拡張することになる。

他方、「知覚の予料」は、現象の内容である知覚（意識された感覚）にかんするものである。知覚はいつでもア・ポステリオリであるにもかかわらず、それについてア・プリオリに認識できることがある。すなわち、ア・ポステリオリな知覚に含まれるものをア・プリオリに予め認識できる。そうした認識が「予料」と呼ばれるが、それは、どのような知覚も知覚される際には、度（すなわち内包量）をもつということである。逆に言えば、私たちは「絶対的な欠如」を知覚することはない。さらに、知覚された度（温度、湿度などの度）が減衰することを考えてみるなら、知覚された度と「絶対的欠如」とのあいだには無限の量の区分があることになる。このように、私たちは「知覚の予料」によって連続量を理解できるのである。

「経験の類推」と「経験的思考一般の要請」

続く§25で「経験の類推」と「経験的思考一般の要請」が簡潔に説明される。もっとも、この簡潔さは過剰なもので、この節こそ『純粋理性批判』と読み合わせないと理解困難である。この二つの原則は、現象一般の現存在にかかわり、先の二つの原則（現象一般の直観にのみかかわる数学的原則）と異なって、力学的原則と呼ばれる。さて、「経験の類推」は経験の可能性の基礎となる原則である。現象は移り変わるが、その移り変わりは移ろわないものを基体とする。たとえば、〈桜が咲く〉という変化は、桜の木という持続的なものを基体として、その偶有性が移り変わる（開花する）のである。このとき、基体としての桜の木には「実体」の概念が適用されている。あるいは、時間的継起において、風が吹くという現象と、桜の花びらが散るという現象とが結合される場合、前者が原因であり後者が結果であると判断される。こうして「原因と結果」の概念によって、〈風が桜の花を散らす〉という経験が成立する。さらには、同時に存在するものが相互に原因と結果である場合（作用・反作用）は、相互性あるいは交互作用という概念によって経験が成立している。このようなア・プリオリな諸原則に基づいて経験は成立するのである。そこで次のように言われる。

> たとえ経験的であるにせよ客観的に妥当する諸判断、すなわち、経験が諸対象を現存在の面で結合しようとする限りでの経験の可能性、これにはア・プリオリな諸原則が根拠となっている。このような諸原則は、力学的と呼ばれることができる本来の自然法則である。（Ak307、中公91、岩波118）

この引用文でカントは、知覚判断ではなく経験判断（すなわち経験）が可能になるのは、その根拠としてア・プリオリな原則としての「経験の類推」があるからなのであり、そうした原則こそが本来の自然法則なのだと主張している。これは、自然法則は認識主観と無関係に存在すると前提する限り理解できない主張である。この主張は、次章で詳述するカントの核心的主張、すなわち〈対象が認識に従う〉という「コペルニクス的転回」を理解することで、ようやく納得できるものになるだろう。

「経験的思考一般の要請」は、何らかの客観と「経験一般」との関係が話題になる。その客観がそれとして〈あり得る〉のは、経験一般の形式的条件に適合している場合である。言い換えれば、何かがたんに〈考えられる〉のではなく〈あり得る〉のは、その何かが空間や時間の中に現象し得る場合である。その何かが〈ある〉のは、その何かが感覚されている（経験の質料的条件を満たしている）場合である。さらに、その何かが〈必然的にある〉のは、その何かが普遍的自然法則に基づいた結果としてある場合なのである。

原則の表の意義

あまりに簡潔とはいえ、ア・プリオリな総合的原則の体系を概観した上で、カントは原則の表がどのような意義をもっているかを§26で説明する。その基本的な意義は、すでに§23で言及したように、ア・プリオリな総合的原則を体系的にすべて提示したことであるが、カントはそれ以上の意義が二つあるという。

第一に、純粋悟性の原則はすべて、純粋悟性概念のみならずそれが感性的直観と関係するところに成立する。したがって、これらの原則には次のような条件があることになる。

これらの諸原則は、ア・プリオリな諸法則に従っている限りでの可能な経験一般の諸条件だけを含んでいる。(Ak308、中公93、岩波120)

経験は経験的認識として客観的妥当性をもち、ア・プリオリな法則に従っている。諸原則は、そうした経験一般の可能性の諸条件なのである。ということは、ここに掲げられた諸原則は現象ならざる物それ自体について何かを語れるようなものではない。たしかに諸原則は経験的な自然法則の根拠となる本来の自然法則だが、それらはあくまで現象の領域においてのみア・プリオリに必然的なのである。原則論は、このような制限を明らかにするという意義をもっている。

第二に、純粋悟性の原則は、知覚判断と経験判断との区別に注目することなく、知覚判断を経験と思い誤っている人々に対して、重要な意義をもつ。それは、経験判断にア・プリオリな根拠があることを示すことで、経験が知覚よりはるかに広い射程をもつことを明らかにすることである。とはいえ、もちろんそれが物それ自体に及ぶことはないが、さりとて個人の意識における主観的な判断に留まるわけでもない。

上述の諸原則は、ただちに諸現象や現象の関係に関係づけられるのではなく、むしろ経験の可能性に関係づけられる。諸現象は経験の質料に過ぎず、その形式をなすことはない。言い換えれば、上述の諸原則が関係づけられるのは、客観的で普遍妥当的な総合的命題なのである。この命題においてまさに経験判断がたんなる知覚判断から区別されることになる。（Ak308—309、中公93、岩波121）

諸原則は、知覚として意識される具体的な現象にではなく、「経験の可能性」に関係づけられる。この可能性の次元に立つことで、カントはア・プリオリな原則を提示することができたのであり、「客観的で普遍妥当的な総合的命題」が可能であることを論証できたのである。カントはこのように、判断の表、純粋悟性概念の表、自然学の表の提示を介して、純粋自然科学がいかにして可能であるかを明らかにしたのである。

第五章

コペルニクス的転回の射程

『プロレゴーメナ』第二部の前半部では、「純粋悟性概念」やそれに沿った「純粋悟性の原則」が提示された。これらによって、総じて、純粋自然科学が可能であることが示された。これができたということは、ヒュームによる因果性や実体という観念に対する懐疑を払拭できたということである。これを可能にしたのが、『純粋理性批判』第二版の序文に由来する表現を用いるなら、「コペルニクス的転回」という、思考法の変革である。

「コペルニクス的転回」は、カント哲学の基本性格を表現する言葉であるとともに、思考法を百八十度転回することの表現として人口に膾炙（かいしゃ）しているものである。かつて、ポーランドの天文学者、ニコラウス・コペルニクス（Nicolaus Copernicus, 1473–1543）が著書『天球の回転について』（一五四三年）で、天動説に対して地動説を主張した。カントは、この天文学者の思いつきに注目する。それは、見えるものを見えるがままに見るという態度を停止することである。この態度では、私たちは天動説しか採れない。どうしても星々が動いていて、地球は停止しているようにしか見えないからである。しかし、この態度を停止して、見えるものがいかにしてそう見えるのかという態度を採用するとき、地動説の正しさが理解できるようになる。この思考法の転回は、たんに百八十度の転回というのみならず、カントの認識論の基本構造と一致している。それは、従来のような〈認識が対象に従う〉という考え方から、〈対象が認識に従う〉という考え方への転換である。後者の態度こそが、見えるものがいかにしてそう見えるのかという問いを立て、それを可能にするア・プリオリな認識の条件をとらえだすという点で、まさにカントの態度である。私たちは、すでにそうした条件として、感性や悟性という認識能力に由来するア・プリオリな諸形式を検討してきた。

第二部の後半部、§27から§39では、このコペルニクス的転回を携えて、ヒューム問題との直接的な対峙が行われる。加えて、『純粋理性批判』の「超越論的分析論」で論じられた話題で、これまで触れられなかったもの、たとえば、図式論、フェノメノンとヌーメノンとの区別、反省概念の多義性などが、記述の濃淡を含みつつも言及される。

一　ヒュームの懐疑を払拭する（§27から§30）

『純粋理性批判』では「純粋悟性のあらゆる原則の体系」に引き続いて、ただちにフェノメノンとヌーメノンとの区別を論じる章に移るが、『プロレゴーメナ』では、序文で言及されていたヒューム問題へのまとまった回答が示される。

ヒュームの懐疑とは何か

§27の冒頭は、ヒューム問題のまとまった提示になっている。

さて、こここそ、ヒュームの懐疑を根拠に基づいて払拭する場所である。彼は正当にも主張した。原因性の可能性を、すなわち、ある物の現存在が、その物によって必然的に定立される何か他の物の現存在に関係する可能性を、私たちが理性によって洞察することは決してな

い、と。(Ak310、中公95、岩波125)

ヒュームは、「原因性の可能性」を、推理の能力である理性を用いて洞察することはできないと、正当にも主張した。「原因性」とは、現存在する〈ある物A〉が原因となって、現存在する〈ある物B〉を必然的に結果させるという関係のことである。カント自身は、この問題を、「経験の類推」の第二類推で論じた。それによれば、原因性は、感性の時間意識と悟性の原因性概念とによって成立する。原因性は、理性推理のことがらでなく、感性的直観と悟性概念のことがらだったのである。カントは、この「原因性」概念に加えて、自存在(実体の現存在)、相互性にも言及することで、「悟性概念の超越論的表」(カテゴリー表)における関係カテゴリー全体について次のように語る(前章の表2参照)。

私には、これらの概念を、もっぱら経験から借りてこられたものとして、またこれらの概念において表象される必然性を虚構されたものとして、長い習慣が私たちにまことしやかに見せる仮象と見なすことなど、思いもよらないことである。むしろ、私は、それらの概念やそれに基づく諸原則がア・プリオリに一切の経験に先立って確定していること、またそれらに疑い得ない客観的正当性があること——もっとも、もちろん経験にかんしてのみだが——を

十分に明らかにしたのである。（Ak 310―311、中公96、岩波125―126）

ここでカントは、すべての観念を「経験から」由来するものと考えたロックの所説をあらためて否定するとともに、実体や原因性の概念を習慣に基づくものとして、そのア・プリオリ性を否定したヒュームの所説をまとめて否定している。カントは、純粋悟性の諸概念や諸原則について、そのア・プリオリ性を明らかにするとともに、その客観的な正しさをも明らかにしたと自負しているのである。

関係カテゴリーの機能

§28では、実体、原因、相互性という関係カテゴリーの三概念がどのような性格のものであるかが再確認される。第一に、それは物それ自体について語るものではない。第二に、それは「現象としての現象」について語るものでもない。「現象としての現象」とは、感官に与えられたままの現象のことであり、いまだ概念と無関係な現象のことである。むしろ、それらの概念は、現象を規定して客観としての表象をもたらす機能をもつものである。詳しく言えば、現象として与えられた表象が「実体」概念の下に包摂されることによって、定言判断における「主語」になることができるのであり、同様の表象が「原因性」概念の下に包摂されることによって、仮言判断における「根拠」と「帰結」になることができるのである。

私たちの認識における客観が物それ自体だと考え、それに従っている限り、客観としての表象を可能にするような純粋悟性概念が見いだされることはない。その場合、認識のすべてが、先行する「物それ自体」に依存することになるので、客観としての表象を可能にする概念を考える必要がない代わりに、すべての概念はア・ポステリオリで経験的にならざるを得ないからである。しかし、〈対象が認識に従う〉と考えるコペルニクス的転回によって、悟性の純粋概念も〈感性の純粋形式と同様に〉見いだされた。見いだされた純粋悟性概念は、認識において対象を判断するために不可欠なものである。

カント自身は用いない表現をあえて使用してみよう。〈対象が認識に従う〉と言っても、理論的認識においては、認識が対象を産出するわけではない。純粋悟性概念は、認識の対象である現象に〈対象性〉を生み出す機能であり、その意味で対象が認識に従うことを可能にするものなのである。かつて、G・プラウスという研究者が、現象は、「規定された現象」としては感性に依存し、「規定された現象」としては悟性に依存するとまとめてみせたことがある。この悟性が「規定する」という機能によって、現象に〈対象性〉が付与されるのである。

原因概念はどう働くか——コペルニクス的転回を遂行する

続く§29で、抽象的な§28の内容が、ヒューム問題の中心概念である「原因」に即して明らかにされる。さて、私たちはさまざまな知覚をもつが、そうした諸知覚の関係には、ある現象には他の現象がいつでも継起するという規則的な関係が見いだされる場合がある。そうした関係は、たとえば、〈太陽が照りつけると、道路のアスファルトが温かくなる〉のように表現される。このような仮言的判断には、知覚される諸内容の継起が表現されているに過ぎない。この判断において、太陽が照りつけている様子の知覚と道路のアスファルトが温かくなっていることの知覚とは、主観的に結合されているに過ぎない。ヒュームであれば、この結合における習慣性によって原因性を語るところである。しかし、カントなら、先の命題に含まれていない原因概念を用いて、〈太陽の光がアスファルトの温かさの原因である〉という命題を掲げ、この命題は普遍性や必然性をもった客観的なものであると言うだろう。先の命題がたんなる経験的な規則であるとすれば、後者の命題は、〈経験の第二類推に基礎づけられた〉経験的な自然法則である。これは、経験的だが客観的な対象認識としての経験が、ここでは「原因」という概念によって可能になっていることを意味する。そこでカントは次のように記している。とても難しい箇所だが、純粋悟性概念（カテゴリー）の機能の端的な表現である。

このようにして私は、原因の概念が、経験のたんなる形式に必然的に属する一つの概念であることを、また、この概念の可能性が意識一般における諸知覚の総合的統一の可能性であることを、とてもしっかり洞察する。(Ak 312、中公98、岩波129)

たんなる知覚ではなく経験が可能になるには、純粋悟性概念、たとえば原因性の概念がなくてはならない。そうした概念が経験の形式に属すること、すなわち経験をかたちづくることによって、はじめて経験が可能になる。たとえば、何ごとかを〈結果〉として経験するためには、そうした経験をかたちづくる形式として原因性や原因の概念がなくてはならないのである。

さらに、この引用文の後半では、§20で経験判断を可能にするものとして取りだされた「意識一般」という概念が用いられる。経験は、諸知覚を総合(結合)し、それを意識一般において統一することによって可能になるが、その結合を可能にする概念の一つが原因概念なのである。したがって、原因概念が可能であることによってこそ、経験もまた可能なのである。こうしてみると、原因性や原因の概念は経験によって可能になるのではなく、むしろ、そうした概念こそが経験を可能にしていることが分かるだろう。これこそがコペルニクス的転回である。

ア・プリオリな総合的判断はいかにして可能か――その答え

もっとも、私たちが忘れてはならないのは、知覚の継起を原因と結果という概念で結合する場合、原因は結果に対して時間的に先行しなくてはならず、その点で、これらの概念による結合が時間を前提していることである。そうすると、こうした概念は、「物一般」について妥当するのではなく、あくまで時間という形式において与えられる現象に妥当するに過ぎないことになる。（「物一般」という概念には、現象としての物のみならず、物それ自体もまた含まれる。）この点をカントは§30の冒頭で次のように記している。

したがって、純粋悟性概念も、もしそれが現象の諸対象のもとを去り、物それ自体（ヌーメノン）に関係づけられようとするなら、まったく何の意義ももたない。純粋悟性概念は、いわば現象を判読して経験として読むことができるようにするためにのみ役立つのである。（Ak312―313、中公99、岩波129）

純粋悟性概念は、そしてそれに基づく純粋悟性の諸原則も、感性の及ぶ世界（感性界）における経験使用に役立つに過ぎない。これがヒューム問題を克服したカントの提示する主張である。

あれ、ア・プリオリな総合的判断の問題は、形而上学の問題だったのではないですか、カントにとってヒューム問題とは形而上学の可能性の問題だったのではないですか、そう思った読者もいるだろう。ヒューム問題を克服するために、ア・プリオリな純粋悟性概念を取りだし、それに基づいて真の自然法則である純粋悟性の諸原則を提示したのに、それを使用できるのが感性界に限定されるのだとしたら、形而上学の可能性は閉ざされてしまうのではないだろうか。それでも、カントは次のように明確にまとめている。

さて、以上のことから、これまで探求してきたことすべてについて、以下のことが帰結する。「すべてのア・プリオリな総合的原則は可能な経験の原理に他ならない」、また、決して物それ自体に関係づけられることはできず、経験の対象としての諸現象にしか関係づけられ得ない。(Ak313、中公100、岩波131)

カントもここに明記しているように、これは「いかにしてア・プリオリな総合的判断は可能か」という問いに導かれてきた、これまでの探求すべての結論である。すなわち、純粋自然科学を可能にする純粋悟性の諸原則はたしかにア・プリオリな総合的原則であり、ア・プリオリな総合的命題として表現される。しかし、それは可能な経験の原理に他ならないのである。縮めて言えば、ア・プリオリな総合的判断は経験を可能にする原理としてのみ可能なのである。したがって、それは経験の諸対象の領域である現象界（感性界）を超え出ることができない。ア・プリオリな総合的判断を含む、純粋数学も純粋自然科学も現象界を超え出ることはできないのである。これはもう、従来型の独断論的形而上学の不可能宣言に他ならない。

二　独断論の批判（§31から§35）

ヒュームの懐疑論を克服しつつ、ア・プリオリな総合的判断の可能性を論じ切ったカントは、そこで手に入れた宝刀を携えて、もう一方の論敵である独断論に立ち向かう。もっとも、ここでの議論は、独断論は批判を欠いているからダメなんだというような一方的なものではなく、独断論的思考の「思考」の部分に何ほどかの理由を認めつつ、その思考が決して認識に至らないことを確認するという手法で行われる。§31では、次のように書き出される。

このように、ついに私たちは明確なものを手に入れた。そして、それをあらゆる形而上学的探究の支えとすることができるのである。これまで形而上学的探究はたいへん大胆に、しかしいつでも盲目的に万事無差別に行われてきたのだが。独断論的思想家たちは、彼らの努力の目標がかくも近くに掲げられようとは、まったく思いつきもしなかった。また、自分が健全な理性〔常識〕と思い誤っているものに固執し、なるほど正当で自然ではあるが、もっぱら経験使用をこととする純粋理性の諸概念と諸原則でもって、いかなる明確な限界を知ることもなくまた知ることもできないような洞察を目指した人々でさえ、そうだった。なぜなら、後者の人々は、そのような純粋悟性の本性や可能性についてすら、まったく熟考したことがなかったかあるいは熟考できなかったからである。（Ak 313―314、中公100―101、岩波131―132）

まず、私たちが手に入れた「明確なもの」とは、〈ア・プリオリな総合的判断は経験を可能にする原理としてのみ可能である〉という知見である。カント自身は、この知見を支えとして、『プロレゴーメナ』の原題が標榜する「将来の形而上学」を展開することを企図している。「将来の形而上学」は「かくも近く」にある可能な経験の領野で展開されるのである。

他方、ここでカントは、これまで独断論的に形而上学を論じてきた人々を振り返ってもいる。独断論的思想家としてカントの念頭にあるのは、まずはライプニッツやヴォルフだが、ここでは「健全な理性」を標榜する哲学者も視野に入っている。それはすでに序文で言及された、リード、オズワルド、ビーティら「常識学派」に属する人々である。カントは後者を「純粋理性の自然主義者」とも呼んでいる。彼らは、常識に依拠することで、「純粋悟性の本性や可能性」を熟考しなかった。そのため、純粋悟性のア・プリオリな概念が理性によって（独断論的）形而上学の領域へと連れ出されることを抑止する術をもたなかったのである。

現象の根拠としての物それ自体

§32でカントは視点を「哲学の最古の時代」、すなわち、プラトンがイデア論を語った古代ギリシアの時代に向け変える。当時、感性によってとらえられるもの（フェノメノン）に対して、悟性（知性、ヌース）によってとらえられるもの（ヌーメノン）を考え、後者こそが真実だとする思考が展開されたからである。たしかに、これは哲学の根本衝動にかなったことではないだろうか。目に見える世界はむなしく移り変わる。それは無常の世界である。世界について確定的な知識を得ようとする人は、そうした目に見える世界の背後に、悟性（知性）によってのみとらえることのできる世界を〈考え〉るものではないだろうか。このような悟性の〈考える〉働きをカントの文脈に戻してみよう。彼は次のように記している。

実際、私たちが感官の対象を、正当にも、たんなる現象と見なすとき、私たちはそれによって同時に次のことを告白する。現象には根拠として物それ自体が存する、と。もっとも、私たちは物それ自体について、それがそれ自体としてどのような性質をしているかを知らず、私たちが知っているのは、その現象だけであり、私たちの感官がこの未知の何ものかによって触発されているそのあり方だけなのである。したがって、悟性は、まさに現象を〔それとして〕認めることによって、物それ自体の現存在をも容認する。そして、その限りで、私たちは次のように言うことができる。諸現象の根拠として存するような何らかのものの表象、したがって、たんなる悟性体の表象は、たんに認められるのみならず不可避である、と。
（Ak 314―315、中公102―103、岩波134―135）

これは実に主張のはっきりした引用文である。私たちは、『純粋理性批判』や『プロレゴーメナ』を読むことでカント批判哲学の核心に〈現象と物それ自体との区別〉が存することを知っている。彼は、私たちの認識の対象は現象であり物それ自体ではない、と繰り返し主張する。読者はこの主張に接するとき、次のような問いに囚われる。では、認識の対象ではないといわれる物それ自体は存在するのだろうか。カント自身はどう考えているのだろうか、と。この引用文は『純粋理性批判』には見られない明確さをもって、この問いに答えている。

私たちはすでに、人間の認識対象が現象であることを知っている。悟性は、この事実を見抜きつつ、現象はまさに現象であるから、何かの現象であるはずだと〈考える〉。何かが根拠となることなく、ただ現象が現象することなど考えられないからである。したがって、認識対象を現象であると見定めることは、同時に、物それ自体の現存在を容認することなのである。このとき、物それ自体は悟性によって考えられたものとして「悟性体」あるいは「ヌーメノン」と呼ばれる。しかし、だからといって、私たちが物それ自体について何かを知っているわけではないし、いつかそれについて知ることができるわけでもない。カントはこれを「どんな例外も許さない規則」（Ak315、中公103、岩波135）であると記している。

純粋悟性概念の超越的使用

このような限界設定こそが、独断論批判の文脈においては重要である。その事情について、カントは§33の冒頭で次のように記している。

実際、私たちの純粋悟性概念には、超越的使用への誘惑という点で何か危険なものがある。というのは、私はすべての可能な経験を超え出るような使用を超越的使用と名づけるからで

ある。（Ak315、中公103―104、岩波135―136）

純粋悟性概念は、まさにア・プリオリで純粋なものであるから、経験の及ばない領域にかかわることができるものであるかのように思われる。実際、純粋悟性概念に含まれる、実体や原因性そのものを私たちは経験的に見ることができない。私たちが目にするのはむなしく移り変わる現象だけである。新築だったマンションも、太陽光に照らされ風雨にさらされてやがて古びていく。はたしてこのマンションは変わらざる実体なのだろうか。違うだろう。それでも私たちは実体や原因性という概念をもっている。だから、それを用いて超経験的な世界に飛翔し、物それ自体について語ろうと思う。これが誘惑であり、危険である。私たちは〈ア・プリオリな総合的判断は経験を可能にする原理としてのみ可能である〉という知見に立ち戻り、悟性をその限界内で使用しなくてはならない。

なお、この引用文に、純粋悟性概念の「超越的使用」という表現が見られる。私たちはこれまで「超越論的（transzendental）」という形容詞を目にしてきたが、カントはここで「超越的（transzendent）」という形容詞を導入する。ドイツ語もよく似た単語なので、訳語もよく似ている。しかし、この「超越的」という単語は徹頭徹尾、否定的な意味で、すなわち、やってはいけないことを表示するものとして用いられる。引用文にあるとおり、「すべての可能な経験を超え出るような使用」は、上述の「どんな例外も許さない規則」を蹂躙（じゅうりん）するものなのである。

図式と悟性体（ヌーメノン）による限界設定

§34ではこのような悟性の限界について、『純粋理性批判』で展開された二つの議論がごく簡単に振り返られる。一つは、『純粋理性批判』における「原則の分析論」第一章「純粋悟性概念の図式機能について」であり、もう一つは同第三章「すべての諸対象一般をフェノメノンとヌーメノンに区別する根拠について」である。前者で論じられる「図式」とは、純粋悟性概念と感性に由来する現象一般とを媒介する機能を果たすものである。『純粋理性批判』では、「図式」は感性に属する能力である構想力の所産であるとされた（A140／B179）。『プロレゴーメナ』では、いかなる理由によるかは推測するしかないが、感官によるとされている。いずれにせよ、純粋悟性概念と現象とを媒介しない限り認識が成立しないという局面で、その媒介を担うのが（感官にせよ構想力にせよ）感性の能力に由来する図式であるということは、悟性は感性の範囲を超えて認識することができないということを意味している。

他方、悟性はその思考の形式として純粋悟性概念を有しているがゆえに、認識対象としての現象体（フェノメノン）とは別に、悟性の対象としての物それ自体を考えてしまう。そして、このような物それ自体は人間とは異なる直観の仕方をもった存在者には把握できるのかもしれないとも考える。このような観点から、物それ自体は悟性体（ヌーメノン）と呼ばれる。もっとも、それを考えたからといって、私たちにそれが認識できるわけでもなく、私たちは悟性体について何も知らない。ただし、このような「分からないもの」についての概念を悟性体として設定することで、私たちは「分かるもの」と「分からないもの」を区別する指標を手に入れることができる。その意味で、悟性体（ヌーメノン）は「限界概念」（A255／B311）なのである。

§35では、悟性の限界にかんする話題を、『プロレゴーメナ』で最初から問題になっている独断論的な形而上学へと展開する。それによって、理性批判の必要を再度印象づけ、第三部を予想させるためであろう。同節の最後の段落を引用する。

> 純粋理性のあの不毛な試みを抑制するために、たいへん深く隠された問いを解決することの困難さだの、私たちの理性が制約されていることへの嘆きだの、さまざまな主張がたんなる憶測に過ぎないことだのを持ち出すのでは、何の役にも立たない。というのは、そうした試みが不可能であることが判明に示されないのであれば、そして、理性の自己認識が真の学問となり、そこで理性の正当な使用の領野がその無効で不毛な使用の領野からいわば幾何学的な確実性をもって区別されないなら、あのむなしい努力は決して完全には取り除かれないだ

ろう。(Ak317、中公107、岩波140—141)

ここで「純粋理性の不毛な試み」とは、独断論的な形而上学の試みに他ならない。そうした試みを完全に廃棄しようとするなら、これはまた難しい問題ですね、などと言っているのでは何の役にも立たない。そうした試みが不可能であることを示さねばならない。そのためには、純粋理性に〈できること〉と〈できないこと〉とを確実に分けること、すなわち、「理性の自己認識」としての理性批判が遂行されねばならないのである。(なお、理性批判を「自己認識」と表現する例は、『純粋理性批判』の初版への序文〔AXI〕にも見られる。)これを狭義の理性について行うのが第三部の課題である。理性には、悟性と区別される〈狭義の理性〉と、悟性をも含む〈広義の理性〉の二義を認めることができるが、狭義の理性を批判の対象にする第三部が近づいている。

三　超越論的哲学の最高点（§36から§39）

いよいよ『プロレゴーメナ』第二部の最後の数節である。§36には久々に表題が付されている。すなわち、「いかにして自然そのものは可能か。」カントはこの問いが、超越論的哲学が到達できる「最高点」であると言う。ここで「最高点」とは、もはやそれより高い点はないこととともに、超越論的哲学における議論の完成と限界を示すこと、を意味している。

再び、自然の二面

この問いに答えるに当たり、カントは「自然」を二通りに分ける。すなわち、質料的（内容的）な意味での自然と形式的な意味での自然である。こうした区別は、すでに§14以降でも記されていたが、現象としての自然について語られ、それが悟性と感性に関係づけられるという点で、議論は一段階深まっている。

〈質料的な意味での自然〉は、たとえば、自然観察という表現に見られるような自然である。私たちは『プロレゴーメナ』第一部の議論を介して、そうした自然は感覚の対象として可能であること、したがって、感性が〈現象ならざる〉何かに触発されることによって可能であることを知った。他方、〈形式的な意味での自然〉とは、自然必然性という表現に見られるような、規則の総体としての自然である。『プロレゴーメナ』第二部の議論は、そうした自然が悟性の性質によって、さらには感性的直観の多様が「意識一般」において総合的に統一されることによって、可能であることを明らかにした。（なお、このような総合的統一の機能は、『純粋理性批判』では「統覚」と呼ばれる。この用語が次の引用文に現れる。）このような〈まとめ〉に引き続いて、カントは「最高点」に到達したところから、次のように記している。

> しかし、いかにして私たちの感性そのものがもつこのような固有の性質が可能なのか、また、いかにして私たちの悟性がもつこのような固有の性質、あるいは、私たちの悟性とすべての思考にとって根拠としてある必然的な統覚がもつこのような固有の性質が可能なのか。これら〔の問い〕はもはや解かれ得ないし答えられ得ない。なぜなら、私たちがどのような解答をするにせよ、また対象をどのように考えるにせよ、繰り返しそのような〔感性や悟性の〕性質を必要とするからである。（Ak318、中公108、岩波143）

私たちは、感性や悟性がどのような特質をもっているかを明らかにした。しかし、そうした特質がいかにして可能かと問われても、もはやそれに答えることができない。なぜなら、そうした問いに答えるために、件の感性や悟性の特質を用いなければならないからである。これこそ「最高点」固有の問題であり、解決不能な問題である。どうやら私たちは山頂に立っているらしい。そこからさらに天空を眺めるのもよいが、この山頂から自然界を見渡し、私たちが第二部で得た結論を確認しよう。

主観的なものが同時に客観的なものである

第二部は「いかにして純粋自然科学は可能か」という問いの下に展開された。私たちは自然科学において経験によってさまざまな自然法則を発見する。しかし、そうした自然法則がいかにして可能かを経験によって知ることはできない。むしろ、経験を可能にしているア・プリオリな純粋悟性の諸原則が、そうした自然法則を可能にしているのである。だからこそ、「純粋悟性の原則」が「真の自然法則」であると言われたのである。§36でカントはこの次第を次のように記している。

したがって、経験一般の可能性が同時に自然の普遍的法則である。そして前者の諸原則が後

者の諸法則でさえあるのだ。（Ak 319、中公109、岩波144）

ここには、カント哲学を貫く思考法の表現を見て取ることができる。「経験一般の可能性」は認識する主観の能力によって保証される。他方、「自然の普遍的法則」は科学において客観の側に見込まれるものである。すると、この文は、主観的なものが同時に客観的なものである、と言っていることになる。カントはこのような知見を、主観の認識能力にア・プリオリな原理を見いだすことによって獲得したのである。そのための視座を確保したのがコペルニクス的転回であることは、もはや説明するまでもない。§36から、もう一つの文章を引用しよう。

〔第二部〕の諸節全体を通じて詳しく論じられた主要命題、すなわち、①ア・プリオリな普遍的自然法則は認識されることが可能であるという命題でさえ、おのずからきっと次の命題に至る。それは、②自然の最上の立法は私たちの内に、すなわち私たちの悟性の内に存するのでなくてはならず、また、③私たちは自然の普遍的法則を経験を介して自然から求めてはならず、反対に、自然を、その普遍的な合法則性という点では、もっぱら私たちの感性と悟性の内に存する、経験の可能性の諸条件に基づいて求めねばならない、という命題である。（Ak 319、中公109、岩波144−145、①②③は引用者による挿入）

①はヒュームが否定したことを肯定している。この主張からも、第二部全体がヒューム論駁の役割を果たしていることが確認できる。この①を可能にしたのがコペルニクス的転回であり、これは②の主張へと私たちを導く。すなわち、自然における普遍性と必然性をもった法則は、私たちの悟性に由来する。だからこそ、③自然の「普遍的な合法則性」という側面は、私たち認識主観の「経験の可能性の諸条件」にこそ、その源泉を求められねばならないのである。カントは、以上の論点をまとめて、次の一文で§36を終える。

悟性はそのア・プリオリな法則を自然から汲み取るのでなく、そうした法則を自然に指定するのである。（Ak320、中公110、岩波146）

自然を探求する科学者の努力を外から眺めるかぎり、これは奇異な発言である。カント自身、§37でこれを「一見したところでは大胆な命題」（Ak320、中公111、岩波147）であると記している。だからこそ、この命題は例示によって説明されねばならない。

悟性が自然の普遍的秩序の起源である

そうした例が§38の冒頭で言及される。まず、円の性質にかんして方べきの定理が、次にその円錐曲線への応用が、さらに球形にかんして物理的天文学における「交互的引力の物理法則」が挙げられる。これらは、円、円錐形、球形そのものがもっている本性のように見えるが、そうだろうか。カントはあらためて問う。

ここに諸法則に基づく自然がある。そうした諸法則を悟性はア・プリオリに認識する、厳密に言うなら、とりわけ空間を規定する普遍的諸原理に基づいて認識する。さて、私は問う。このような自然法則が空間の中にあるのか。また、悟性はそれを、空間中の豊かな意味をたんに探求しようとすることで学び取るのか。それとも、自然法則は悟性の中にあるのか。また、悟性が、悟性概念が総じてそこに帰着する総合的統一の諸条件に従って、空間を規定する仕方の中にあるのか。(Ak321、中公113、岩波149)

カントの答えは明らかである。「空間」そのものはどこをとっても同じなのだから、空間の側に法則があるわけでない。悟性が円形、円錐形、球形という概念を用いることで、そうした図形が描き出されるのであるから、悟性の側に自然法則の場が見いだされねばならない。こうして、カントはこの引用文と同じ段落の中で「悟性が自然の普遍的秩序の起源である」(Ak322、中公113、岩波150)と記すのである。

カントがこのような思想に至ることができたのは、コペルニクス的転回の遂行によって現象と物それ自体とを区別し、現象を認識対象とする私たちの認識構造に、ア・プリオリな形式を見いだしたからである。

カテゴリーの体系について

第二部の最終節である§39は「純粋自然科学への付録　カテゴリーの体系について」と題されている。この部分でカントは、提示したカテゴリー表に体系性があることを主張しつつ、まさに「付録」として、『純粋理性批判』の「超越論的分析論」では論じたものの『プロレゴーメナ』第二部では論じられなかった話題がわずかの分量で言及される。

『純粋理性批判』においてカントが自負していることの一つが、純粋悟性概念をたんなる寄せ集めでなく体系として取りだしたことである。カント自身、この取りだしは、言語から言葉の使用規則を見いだすような経験的な作業よりも容易だったと述懐している。このようなことを語るカントの念頭にあるのは、アリストテレス（Aristotelēs, 384-322 B.C.）である。カントは純粋悟性概念をカテゴリーと呼んだが、それはアリストテレスが用いた呼称に基づいてのことである。

カテゴリーをどのように見いだしたか――アリストテレスとカント

アリストテレスは、「カテゴリー」と呼ばれる概念をまず十個見いだした。「実体、質、量、関係、能動、受動、時間、場所、位置、状態」である。これらの概念に後からさらに五つの概念を付け加えた。「対立、より前、同時、運動、所有」である。カント自身が掲げたカテゴリー表と比べるとき、ここにはカントが提示した概念と重なるものもあるが、感性に由来するものも含まれ、雑然とした印象を免れない。カントはそれゆえ、この十五個の概念の集積を「ラプソディー」（Ak323）と評している。さらにカントが何より問題視するのは、アリストテレスがこれらの概念を取りだす手続きに原理が欠けていることである。原理が欠けているから体系が成立しないのである。

カントは、自身がカテゴリーを導出した手続きを振り返る。彼は、純粋悟性概念を導出するにあたり、まずは悟性の判断作用に注目し、それを原理とした。次に、論理学者がおおよそ作り上げていた判断機能の区分を用いて、完全な判断表を提示した。続いて、この表に基づいて、客観一般に関係する純粋悟性概念を導出した。こうしてカテゴリー表が出来上がった。この手続きを用いたがゆえに、カントにとって、十二個のカテゴリーの体系は完全なのである。（なお、カントの提示した判断表について、それが完全であるかどうか研究者の議論が続いている。）もちろん、カテゴリー相互を関係づけることで、派生的な純粋悟性概念を見いだすこともできるが、それは体系にとって蛇足と言うべきものに過ぎない。ちなみに、カントがカテゴリー表を決まった仕方で表記することに気づいた読者もいるだろう。数字の順番にこだわらなければ、そこには「円環」が表現されている。彼は、円環のもっている完結のイメージによって、カテゴリーの体系性を主張することを意図しているのである。ただし、この「円環」は時計の文字盤のようにはなっていない。数字の順番をたどるとかえって「円環」が見えづらくなってしまうので注意したい。

復習だが、純粋悟性概念は、悟性の論理的機能として見いだされた。それゆえ、対象認識を行うには、純粋悟性概念に加えて対象が感性的直観によって与えられねばならない。ここから、純粋悟性概念は経験的にしか使用できないことが帰結する。カントって、経験に依存しないア・プリオリな認識の可能性を追求した人なのに、それによって見いだした純粋悟性概念を経験的にしか使用してはならないとは、なんだか不条理ではないか、と思う読者もいるかもしれない。しかし、カントがとらえた実情はそのとおりなのである。

表4 『純粋理性批判』の「無の表」

	1. 対象なき空虚な概念 (思惟的存在者)	
2. 概念の空虚な対象 (欠如的無)		3. 対象なき空虚な直観 (想像的存在者)
	4. 概念なき空虚な対象 (否定的無)	

さて、カテゴリー表が体系性をもつことによって、それに基づいて導出される他の表も体系性を保証されることになる。純粋悟性の諸原則の表がそうであることを私たちは先に見ている。さらに、『純粋理性批判』の「超越論的分析論」のほとんど終わりに提示される「無(Nichts)の表」(A292/B348)もそうである(表4)。それぞれが、量、質、関係、様相に対応しているからである。

カントはさらに二つの表に言及する。カントは、それをカテゴリー表と区別し、それに混入することのないように注意を促している。一つは、反省概念の表であり、他の一つは超越論的理念の表である。この二つについては、『プロレゴーメナ』のカントに倣って、その内容を表示することはしないでおこう。

反省概念は、対象にかかわる概念ではなく、すでに与えられた概念について熟慮するような概念である。たとえば、アリストテレスが挙げたカテゴリーの一つである「対立」は「一致」との相対的な関係にある。私たちは、対象について肯定したり否定したりする以前に、主観において一致や対立を考えている。たとえば、〈あれは猫である〉という対象にかんする判断に先立って、「猫」概念と一致するものは何で、対立するものは何かを考えている。そうした概念が反省概念である。これらはカテゴリーのように客観一般にかかわるものではないから、それから区別されねばならない。

他方、超越論的理念の表は、悟性ではなく理性の本性に基づくものなので、カテゴリー表とは別の起源を有する。この超越論的理念こそが第三部のテーマである。

第六章
独断論的な形而上学を批判する

ここから、カントの認識論はまったく新しい局面に入る。〈主人公〉は、もはや感性でも悟性でもなく、理性（狭義の理性）である。理性批判の本領が発揮される様を私たちは目にするだろう。『プロレゴーメナ』第三部は、§40から§60までの全二十一節からなり、全体の表題として「いかにして形而上学一般は可能か」という問いが掲げられている。これは、緒論に示された第三の問いである。

さて、本章で検討する箇所は、『純粋理性批判』における「超越論的弁証論」に相当する。「超越論的弁証論」は、『純粋理性批判』では「超越論的分析論」よりもはるかに大きな紙幅を費やして書かれている。それに対して、『プロレゴーメナ』の記述は比較的コンパクトなものになっている。ともあれ、『純粋理性批判』の「超越論的弁証論」を読む人は、その長大さにもかかわらず、快刀乱麻を断つという印象を得るだろう。カントの「批判」哲学が、従来の独断論的形而上学をなぎ倒していく様に読者は感嘆せざるを得ない。カントは数学と自然科学の可能性を検討することによって〈いかにしてア・プリオリな総合的判断は可能か〉という問いに答えることで、この「快刀」を手に入れたのである。

上述のように、理性「批判」とは、理性に分かることと分からないこととを「分ける」ことであるが、この第三部では、主として、純粋理性に「分からない」ことが論じられる。ただし、それと同時に、どうして分かりもしないことを従来の形而上学が論じてきたか、その理路をもたらした素地は何かも明らかにされる。そのためにカントが採る方法は、先行する哲学者が著した形而上学的著作を批評することではなく、理性の自己認識である。彼は、理性そのものを注視することで、そこに形而上学の素質を見いだそうとするのである。

一　理念と弁証論（§40から§45）

形而上学の領域と純粋理性概念

私たちはいよいよ形而上学の領域に足を踏み入れる。(もっとも、そこで地に足をつけて歩むことができるかどうかは別問題だが。) §40には、形而上学の本質にかかわる重要な記述がたくさん含まれている。さっそく引用しよう。

形而上学は、経験においてつねに適用される自然概念の他に、純粋理性概念ともかかわりあう。純粋理性概念は、何らかのとにもかくにも可能的な経験において与えられることがない。したがって、形而上学は、その客観的実在性(当該の概念がたんなる幻想でないこと)がいかなる経験によっても確かめられ得ない諸概念と、また、その真偽がいかなる経験によっても確かめられ得ない主張とかかわりあう。(Ak327、中公121―122、岩波162―163)

形而上学は、自然概念にもかかわりはするが、とりわけ「純粋理性概念」にかかわる学問である。前者は、経験によって実在性や真偽を確かめ得るが、後者はそれができない。形而上学は、メタ-フィジックスという名称が喚起するイメージどおり、自然学(フィジックス)を超えた領域にかかわるのである。さらに言えば、形而上学において自然概念にかかわる部分は、むしろ自然学がその探求を主導するのであるから、形而上学そのものの本領が発揮されるのは、純粋理性概念にかかわる部分である。

さて、純粋理性概念とは、純粋理性自身を源泉とする概念であり、理念（イデー）とも呼ばれる。この概念には固有の問題がある。先に私たちは、純粋悟性概念の正当化（演繹）のために、カントが知覚判断と経験判断との相違を明らかにする様子を検討した。しかし、純粋理性概念が経験のけっして及ばないものであるなら、どうやってそれを正当化（演繹）すればよいのだろうか、そもそも正当化できるのだろうか。

> この問題が解決しないなら、理性はけっして満足しない。純粋悟性は理性によって経験的使用に制限されるが、こうした経験的使用が理性自身の使命の全体を満たしはしない。どんな個別的な経験も、理性の領域の全範囲における一部分に過ぎない。他方、すべての可能的経験の絶対的全体は、それ自身いかなる経験でもない。しかし、それでもそれは理性にとって必然的な問題なのである。この問題をたんに表象するために、理性は純粋悟性概念とまったく異なる概念を必要とする。純粋悟性概念の使用は、もっぱら内在的であり、与えられ得る限りでの経験にかかわるが、理性概念は完璧さへと、言い換えれば、すべての可能な経験の集合的統一にかかわり、それによってあらゆる所与の経験を超え出て、超越的になるのであ

る。（Ak 327―328、中公122―123、岩波164、強調はカント）

私たちはすでに純粋悟性の経験的使用（可能な経験の範囲内における使用）を論じたが、それは「理性自身の使命の全体」を満たすものではない。理性は、悟性のような「個別的な経験」のみならず「すべての可能な経験の絶対的全体」を問題として扱うからである。どうやら、「形而上学」や「狭義の理性」を論じることで、私たちは「絶対的」や「全体」にかかわることになるようだ。

内在的と超越的

しかし、そうした「絶対的全体」にかかわることは同時に問題含みのことである。それを表現しているのが、カント自身が強調している「内在的」と「超越的」との区別である。これは「可能な経験の範囲」にとって「内在的」であるか「超越的」であるかを表示するのみならず、前者は、客観的な認識が可能な領域に留まっていることを表現する肯定的な形容詞であるのに対し、後者は、私たちには客観的に認識できない「絶対的全体」を客観的に語ってしまう純粋理性の越権を難じる否定的な形容詞である。

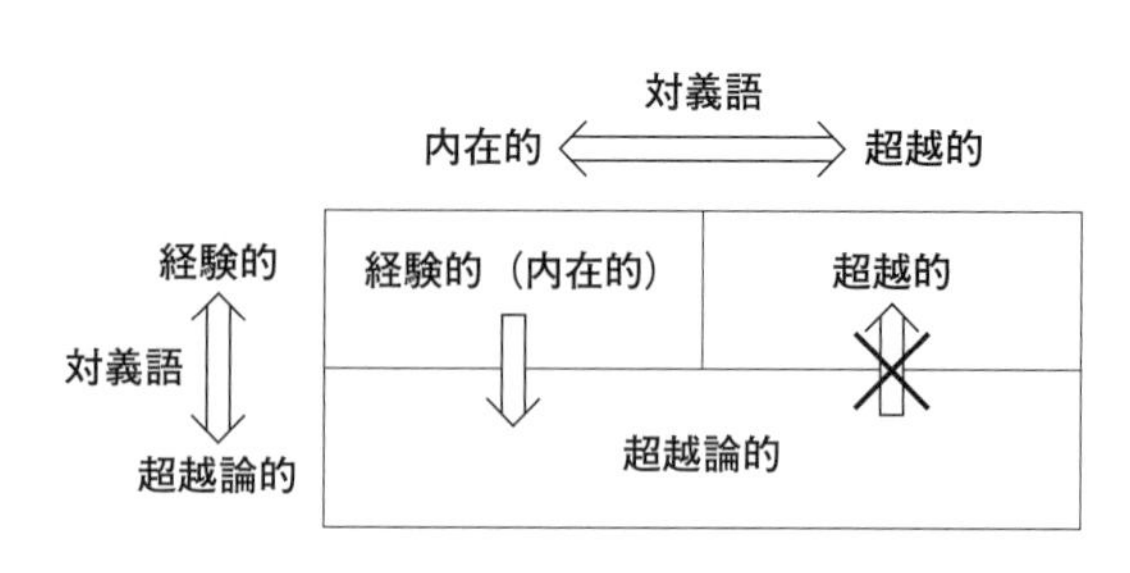

図２　経験的（内在的）と超越論的、超越的

なお、前章でも見たように「超越的」とよく似た形容詞に「超越論的」がある。ここでその相違を再確認しておこう。私たちの議論の出発点は「経験」である。私たちの認識はつねに経験とともに始まるからである。経験とは経験的認識であり、それには内容として知覚が含まれている。この知覚はつねに経験的である。さて、そうした経験において、それとともにあるア・プリオリな認識の可能性を論じる水準が「超越論的（transzendental）」という形容詞で表示される議論の水準である。このような認識の可能性の問題は認識主観にかかわる問題であるから、「超越論的」とは、認識主観と客観との関係において主観の側に注意を向けて用いられる用語である。他方、超越論的な議論の水準において私たちは、経験の現実性ではなく可能性を論じるがゆえに、経験的な現実的内容に縛られない。そこには、経験不可能なことをも視野に入れて〈考える〉可能性が開いている。だからこそ、やがて「超越論的理念」が論じられることになる。そうした超越論的な水準で考えた、経験不可能

な客観について、それを客観的にしかし独断論的に語る振舞いが「超越的（transzendent）」である。かんたんにまとめるなら、「超越論的」は「経験的」の対義語であり、「超越的」は「内在的」の対義語であり、「内在的」と「経験的」が領域としては重なり合うのに対し、「超越論的」と「超越的」は重なり合わないのである（図2）。

理念と仮象

ここで、私たちは「超越論的弁証論」の重要概念である、「理念」と「仮象」を理解しておかねばならない。まず、理念とは、理性がみずからを根拠として導出する概念である。それがどのようなものであり、どのように導出されるかは後に説明する。理性は、上述のように「絶対的全体」を問題にすることで、もはや経験可能な領域を超えた概念を考える。そこで、次のように言われる。

理念（Idee）とは、必然的な概念だが、その対象がけっして経験において与えられ得ないような概念である。カテゴリーが悟性の本性のうちに位置づくのと同様に、理念は理性の本性のうちに位置づく。また、理念が容易にひとを惑わすことのできる仮象を伴っているとすれば、この仮象は不可避である。もっとも、このような仮象をしっかり予防して、「仮象が惑わさないよう」にすることは可能なのだが。（Ak328、中公123、岩波165）

件の理念は、理性の本性に基づくがゆえに、理性にとって必然的な概念である。このような理念には重大な二面がある。一面は、理念の対象は経験において与えられることができないということであり、他の一面は、そうした理念には不可避に仮象が伴うということである。このような仮象を見抜き、それに惑わされないための洞察をもたらすのが「超越論的弁証論」である。仮象については、次のように述べられる。

すべての仮象（Schein）は、判断の主観的根拠が客観的であるとみなされるところに存するから、純粋理性の超越的（法外な）使用における純粋理性の自己認識が、純粋理性の陥る迷妄に対する唯一の防御手段である。純粋理性がそうした迷妄に陥るのは、純粋理性がその使命を誤解し、自分自身の主観と一切の内在的使用におけるその導きとにかかわるに過ぎないものを、超越的な仕方で客観それ自体に関係づけるときである。（Ak328、中公123、岩波165）

カントがここで問題にする「超越論的仮象」に限らず、一切の仮象は、判断において主観的に過ぎないものを客観的であると見なすところに生じる。遠くに見える人物を、その表象が人物Aに似ていると（主観的に）思ったからといって、当該人物（実は人物B）を人物Aであると（客観的に）断じるなら、それは仮象である。もちろん、こうした見誤りであれば当該人物を目を凝らして見ることで解消できる。しかし、理念に伴う仮象は、理念の対象が経験不可能であるがゆえに、それに対して目を凝らすこともできない。そうしてみると、理念に伴う仮象を防ぐには、認識における客観面ではなく主観面に目を向け、理性自身が何を行っているのかを見定めるしかない。そこで理性的思考を行う主観にのみかかわるはずのものが超越的に客観的であると見誤られていないかどうか見定めるしかない。まさに、「純粋理性の自己認識」によって純粋理性が超越的使用をしていないかどうかをはっきりさせることこそが唯一の防御策なのである。

悟性概念と理性概念

続く§41でカントは、このような理念（純粋理性概念）を明確に取りだすことの意義を論じている。これまで形而上学の可能性を反省することもなく、独断論的に形而上学が論じられてきたのは、純粋悟性概念と純粋理性概念について、その「種類、源泉、使用」（Ak328、中公123、岩波166）がまったく異なっていることを見逃してきたからだと彼は指摘する。ここでも、「分ける」哲学としてのカント批判哲学の本領が発揮される。

さらに、§42でも、純粋悟性概念と純粋理性概念の差異が強調される。純粋悟性概念は経験の中で（経験とともに）獲得され、その原則は経験によって確かめられるが、理念とその諸命題の場合、そうはいかない。必要なのは、上述のように、理性の自己認識である。ところが、ここにはさらにことがらをややこしくする問題がある。カントは、「理性は、その理念を介して自然的な仕方で弁証論的になる」（Ak329、中公125、岩波167）と指摘する。理念（純粋理性概念）は理性が導出するものであるが、その理念に不可避に仮象が伴うのであるから、理性そのものが自然本性上「弁証論的」だということになる。自己認識を期待される理性自身が弁証論的すなわち仮象を産出するものなのだから、このような理性による自己認識は「理念の源泉としての理性自身の主観的探究」（同上）として慎重に遂行されねばならない。

理念を導出する仕方

純粋理性概念が純粋悟性概念とは異なることは分かったけれど、肝心の純粋理性概念（理念）ってどんな概念なんですか、絶対的全体にかかわる概念と言われても、それって何ですか、という疑問が湧いてくるかもしれない。しかし、カントはそうした問いに早々に答えるのではなく、理念がいかにして導出されるのかという問題を先に扱う。実は、カントが導出してみせる諸理念は、表面的に見るなら、当時の学校形而上学で教えられていた特殊形而上学のテーマに対応するものなのだが、それを先に書いたのでは、カントが当時の形而上学の常識にみずからを合わせて議論しているだけということになってしまう。しかし重要なのは、理性自身を探求した結果、そうした特殊形而上学のテーマがどうして導かれるのか、どうしてそれらだけが導かれるのかが明らかになることである。私たちも少し我慢して、§43を検討しよう。

私は諸カテゴリーの起源を、悟性のすべての判断の四つの論理的機能に見つけたのだから、諸理念の起源を理性推理の三つの機能に求めることは、まったく当然のことだった。というのは、そのような純粋理性概念（超越論的理念）がまずは与えられているとしたら、そしてそれを生得的なものとでも見なそうというのでなければ、そうした理性概念は次のような理性の働き以外のどこにもけっして見いだされないだろうからである。この理性の働きとは、それがたんなる形式にかんする限りでは、理性推理の論理的側面を形成するが、他方、それが悟性判断をいずれかのア・プリオリな形式にかんして規定されたものとして表す限りでは、純粋理性の超越論的概念を形成するものである。（Ak330、中公126、岩波168）

カントは、すべての純粋悟性概念（カテゴリー）を悟性の機能である判断の一覧から導出した。これを「純粋悟性概念の形而上学的演繹」という。そこで、同様に、すべての純粋理性概念（理念）を理性の機能である推理の一覧から導出しようとする。このとき、カントが「理性推理」として考えているのは三段論法である。三段論法には、定言的、仮言的、選言的の三種類があるので、それを踏まえて「理性推理の三つの機能」が言及されている。まずは、この三つの三段論法を紹介しよう。

定言的三段論法

この三段論法は、三つの定言的判断（何ら条件をもつことなく下される判断）からなる。典型的なものを挙げてみよう

大前提：すべてのAはBである。
小前提：CはAである。
結　論：ゆえに、CはBである。

仮言的三段論法

三段論法には、一定の条件のもとで下される判断を要素として含むものがあり、それを条件的三段論法というが、それには、仮言的なものと選言的なものがある。まず、仮言的三段論法は、一般的には次のように表現される。ここで、大前提は仮言的判断によって、小前提と結論

は定言的判断によって表現される。

大前提：もしAがBならば、CはDである。

小前提：AがBである。

結　論：ゆえにCはDである。

選言的三段論法

選言的三段論法では、大前提が選言的判断であり、小前提と結論が定言的判断である。

大前提：Aはbであるかcであるかのいずれかである。

小前提：Aはbである。

結　論：ゆえにAはcでない。

純粋理性概念は「生得的」でない

先の引用文には、純粋理性概念について「それを生得的なものとでも見なそうというのでなければ」という重大な発言が含まれていた。カントは、ア・プリオリな純粋悟性概念について、それは悟性の働きによって生み出されるものだと主張した。これは、純粋悟性概念は生得的でなく、むしろ悟性の働きそのものによって獲得されることを意味する。同様に、純粋理性概念についても、それが生得的なものでなく、理性の働きによって導出されることがここで示唆されている。

ちなみに、概念の中に「生得的」なものがあると主張した哲学者に、ルネ・デカルト（René Descartes, 1596-1650）がいる。彼の「生得観念」説によれば、人間には生まれつきもっている観念があり、それは経験から学んだ観念とは区別される。カントの「超越論的弁証論」との関係で重要なのは、デカルトの挙げた生得観念に「私（自我）」や「神」が含まれていることである。カントの議論は、純粋理性概念の起源を「理性の働き」そのものに求めることで、間接的に、デカルト以来の哲学的テーマである生得観念説を批判するものになっている。

では、「理性の働き」とはどのようなものだろうか。先の引用文で、カントはそれをあまりにも簡潔な仕方で表現している。まず第一に、「それがたんなる形式にかんする限りでは、理性推理の論理的側面を形成する」とあるが、これはまさに三段論法という推理の形式的側面を指している。第二に、「それが悟性判断をいずれかのア・プリオリな形式にかんして規定されたものとして表す限りでは、純粋理性の超越論的概念を形成する」とある。これこそが、理性推理に基づいて理念が形成されることの表現である。ポイントは「悟性判断をいずれかのア・プリオリな形式にかんして規定されたものとして表す」にある。理性推理の大前提には、悟性による定言的、仮言的、選言的判断のいずれかが置かれる。それが「規定されたもの」であるとは、（主観的）形式を超えた（客観的）内容に踏み込んで、「〜である」と判断することである。本来、悟性が内容ある判断を下す場合、概念の他に、感官においてもたらされた直観が必要なのだが、そうした直観なしに判断が下される場合、そこに形成されるのが「純粋理性の超越論的概念」、すなわち、理念なのである。

三つの理念

さて、カントは§43の最終段落でようやく三つの理念を提示する。しかし、その仕方は親切なものとは言えず、『純粋理性批判』を回顧するような書き方になっている。同書を前もって読んでいなければ、『プロレゴーメナ』の読者にはどうしてそう言えるのか不分明に思われるに相違ない。個別の説明は§46以降に期待するとして、当面、カントの記述をまとめておこう。

定言的理性推理に基づいて「完璧な主体（実体的なもの）」という心理学的理念が、仮言的理性推理に基づいて「諸条件の完璧な系列」という宇宙論的理念が、選言的理性推理に基づいて「可能的なものの完璧な総体」という神学的理念が導出される。これらの三つの理念はそれぞれの仕方で「弁証論」の契機となる。そこで、『純粋理性批判』の超越論的弁証論は、純粋理性の誤謬（ごびゅう）推理、二律背反、理想の三つに区分された。この形式的な叙述をもってカントは、理性推理を根拠とすることで純粋理性概念を完全に体系的に提示することに成功した、と主張したいのである。

理念の意義

それぞれの理念にかんする個別の議論に先立って、§44では、理念がどのような意義をもつかについて説明される。まずは同節冒頭から引用しよう。

この一般的考察においてなお注目すべきことがある。カテゴリーが私たちにとって経験にかんする悟性使用のために何らか役立つものであるようには、理性理念は私たちに役立つものではない。むしろ、理性理念は、そうした悟性使用にかんしてはまったく無用であり、それどころか、自然の理性認識の諸格率(かくりつ)に反し妨(さまた)げとなるが、しかしながらそれでも別のさらに規定されるべき意図にとっては必然的なのである。(Ak331、中公127、岩波171)

カントは「いかにして純粋自然科学は可能か」という問いを立て、純粋自然科学にとって、ひいては経験にとってカテゴリーがなくてはならないことを明らかにした。しかし、理念がそうした経験における悟性使用に貢献することはない。むしろ、自然科学が理性認識の一つであるとしても、そこに現象ならざる理念を持ち込むことは、純粋悟性の諸原則に基づいて自然が認識されるという大前提（格率）に反し、その認識を誤らせることにしかならない。心理学的理念に基づいて「魂が単純な実体であるかどうか」を論じたり、宇宙論的理念に基づいて「世界に始まりがあるか、それとも世界は永遠の過去から存在するか」を論じたり、さらには神学的理念に基づいて、自然の秩序を「最高存在の意志から」引き出したりしても、それが魂や世界や自然の理解に資することはないのである。

むしろ、かの理念はまったく別の意図で使用されねばならない。その意図は、引用文では「さらに規定されるべき意図」としか記されていないが、抽象的に言えば、さまざまな悟性認識を完全性に近づけるためである。悟性は、その経験的使用において、さまざまな認識をもたらす。理性は、それ自身が認識を拡張することはないものの、悟性の諸認識に対して、それがすべてか、もっと細かく分けて認識できないか、もっと大きく分類できないかと問いかけ、最終的に諸認識の体系的・原理的統一を目指す能力であり、理性理念はそうした認識の動向を導く役割を担うのである。

超越論的理念とは何か

理念には、悟性認識を拡張しないまでも、何ほどかの役割はあるようだ。しかし、理性批判にとっては、そうした理念が仮象を伴うことこそが大問題である。したがって、私たちは、超越論的仮象を伴う理念（超越論的理念）が産み出される一般構造をまずは理解しておかねばならない。そのために、カントは「純粋理性の弁証論への前置き」と題した§45を記している。同節から引用しよう。

悟性が、〔悟性自身にとって〕異質な法則によって駆り立てられることがないのに、自分で自分の限界を超えて、軽率極まりなくも何かたんに考えられたに過ぎないものの領野にはめをはずして入り込む、そうした危険はない。しかし、悟性規則の経験使用はいつでもなお条件づけられているので、理性がそうした悟性規則の経験使用に完全に満足できずに諸条件のこのような連鎖の完成を要求するとき、悟性は、みずからの〔活動〕範囲の外へと追い立てられ、一方では、経験の諸対象をいかなる経験もけっして把握することのできないほどはるかに延び広がった系列において表象しようとし、他方ではさらに、〔かの系列を完成するために〕経験のまったく外部にヌーメノンを探そうとする。理性は、そのヌーメノンにかの系列を結び付けることができ、それによって最終的にいつかは経験の諸条件から独立に、それにもかかわらず自分の振舞いを完璧に仕上げられるようにするのである。(Ak 332—333、中公130、岩波174)

すでに第五章で見たように、たしかに悟性はフェノメノンの領野の外にヌーメノン(悟性体)を考える。しかし、一般に悟性はフェノメノンの領野で認識を行うのであり、悟性をヌーメノンの領域にまで連れ出すには、何か悟性ならざるものの法則が働いているはずである。それが、推理の能力としての理性の思考規則である。悟性の経験的使用は、つねに空間・時間の中で与えられる対象について行われることで条件づけられている。そこで例えば、悟性は、結果Aの原因はBであるという判断を行ってなお、その原因Bを結果する原因Cは何だろうか、と考える。この系列は際限なく続くことが予想される。この際限なさに理性は満足できない。なぜなら、推理の能力としての理性は、推理における大前提(原理)を求める能力として、原理の能力でもあり、無条件の原理を求めてやまないからである。そこで理性は、たとえば、原因と結果の系列全体を悟性が表象することを求め、あるいは出発点として系列に結び付いたヌーメノンを考えさせる。悟性は、結果Aに対して原因Bを見いだすことで自然現象を理解して満足することもできるが、理性にはそれができない。そうした理性の振舞いの大前提(この場合は、格率)をカントは、

『純粋理性批判』で次のように表現している。「もし条件づけられたものが与えられているなら、相互に従属させられた諸条件の系列全体（したがって、それ自身は無条件的である）もまた与えられている（すなわち、対象とその系列に含まれている）。」（A307－308／B364）理性は、条件づけられたものが与えられているなら、無条件的なものも与えられていると考え、そうした無条件者が何であるかを考えずにはいられないのである。本当に、そうした無条件者が「与えられている」かどうかは別問題であるが。

このようにして理性が、悟性を可能な経験領域から連れ出すことで表象される「絶対的全体」（系列全体やヌーメノン）が「超越論的理念」である。このような理念は、それが現象ではないから悟性の判断できるものではないということを見抜けない限り、人間を欺く仮象であり、それについて悟性が判断するなら、それは悟性の「超越的使用」である。

以上が超越論的理念の総論である。これを踏まえて、私たちは三つの理念をめぐる各論に入ろう。

二　心理学的理念の問題（§46から§49）

§46から§49では、心理学的理念が論じられる。これは『純粋理性批判』の「純粋理性の誤謬推理」に相当する箇所である。カントの時代の「心理学」は経験的心理学と合理的心理学に分けることができるが、ここでは特殊形而上学の一部門として「魂（プシュケー）」を論じる合理的心理学が念頭に置かれている。ここでの中心的なテーマは「魂」とその「不死」であり、魂は、身体が滅びてなお崩壊することなく滅びることがないと言えるかどうかが問題となる。

実体的なものへの問い

哲学の根本衝動の一つとして、実体への問いがある。空しく移り変わる現象世界を貫いて、あるいはそれを超えて、何か移り変わらざるもの（実体的なもの）があるのではないか。移り変わらないものは、他の何ものにも依存していないものだろう。カントはこの問いを、定言的三段論法における主語と述語の問題としてとらえ直し、その事情を§46で次のように表現している。

純粋理性は、私たちが一つの物のいかなる述語に対しても、その物に属しているその主語〔主体〕を探求するように要求する。しかし、そうした主語〔主体〕も必然的に述語であるに過ぎないので、そうした主語〔主体〕に対して、さらにその主語〔主体〕を探求するように要求し、かくして無限に（あるいは、私たちが到達する限りで）探求するように要求する。さて、このことから帰結するのは、私たちが行き着くことができるいかなるものをも、私たちは究極の主語〔主体〕と見なすべきではなく、また、実体的なものそのものは、私たちのどこまでも深く極めようとする悟性によってはけっして考えられ得ず、悟性に対して全自然が露わにされたとしてなお考えられ得ないということである。なぜなら、私たちの悟性には次のような特殊な本性があるからである。すなわち、すべてを論弁的に、すなわち、概念によって、したがってまた述語だけで考えるという本性である。したがって、そうした述語には絶対的な主語〔主体〕がつねに欠けているに相違ない。（Ak333、中公131―132、岩波176）

たとえば、「ソクラテスは可死的である」と悟性が判断したとき、理性は問う。どうしてそう言えるのかと。そして「人間は可死的であり、ソクラテスは人間だからだ」と考える。ここで私たちは、「可死的」という述語に対して、人間という「主語」を見いだしている。しかし、「人間」もまた「究極の主語」ではない。なぜなら、人間を述語とする判断も可能だからである。このように、〈何か移り変わらざるもの（実体的なもの）〉の探求を究極の主語（もはやそれ自体他のものの述語にはなり得ない主語）の探求としてとらえたとき、この探求には終わりがない。その理由をカントは、私たちの悟性の本性に求める。すなわち、私たちの悟性が「論弁的」でしかないからである。私たちの悟性は、一挙に対象を把握できるような「直観的」なものでなく、概念と概念との関係を積み重ねて考えるしかない「論弁的」なものだからである。カントの認識論において直観的なのは感性だけである。

絶対的主体は「私」ではないか

移り変わらざるものなどとらえられないし、究極の主語などないと考えるとき、私たちが次のようにひらめくとしたらどうだろうか。いやいや、究極の主語などないと考えている、この「私」はいつでも同一であり主語であり、しかもそうした「私」に私たちは内官(ないかん)においてかかわっている。実際、私たちは、昨日の「私」と今日の「私」は同一であると内的に感じているのではないか。そうすると、「私」こそが「絶対的主体」なのではないか、と。カントが『純粋理性批判』第二版の「純粋悟性概念の超越論的演繹」第十六節の冒頭に記した文言が想起される。「〈私は考える〉があらゆる私の表象に伴い得なければならない。」(B131)この〈私は考える〉は、私たちの意識に統一をもたらす純粋統覚(あるいは根源的統覚)の働きを表現している。考えてみれば、理性推理を行う際にも「私」の意識の同一性がなくてはならない。大前提を考えている

「私」と小前提を考えている「私」が同一でないなら、結論を導くことができないからである。するとやはり、「私」こそが絶対的主体なのではないか。しかし、ことがらはそのようには進まない。

しかしながら、このような期待はくじかれる。というのは、「私」はいかなる概念でもなく、私たちがその「私」をいかなる述語によっても認識しない限りでは、内官の対象を表示するものに過ぎないからである。したがって、「私」は、たしかにそれ自体において他の物の述語にはなり得ないが、絶対的主語〔主体〕の明確な概念ではあり得ないのであり、むしろ、他のすべての場合と同様に、内的現象の、その知られざる主語〔主体〕への関係でしかあり得ないのである。（Ak334、中公132、岩波177）

私たちは「私」を認識しないわけではない。たとえば、〈私はきのう講演会に出かけた〉という場合、私たちは、きのう講演会に出かけたのであり出かけなかったわけではない自己を認識している。しかし、そうした〈私はきのう講演会に出かけた〉と考えている「私」はどうだろうか。そうした「私」は、たしかに意識されているものの、何か内的に感じられているものに過ぎない。そうした「私」についてカントは注を付して次のように記している。

「私」は、ある現存在の感情に他ならず、いささかも概念を含まない。それは一切の思考がそれと関係（偶有性の関係）をもつものの表象に過ぎない。（Ak334、中公218、岩波178）

これはたいへんな主張である。私たちが日ごろ、その存在を疑わず、日々語っている「私」は、「現存在の感情」に過ぎないというのだから。私たちは、さまざまな現象を感じたり考えたりしながら、そうした現象の意識が関係づけられる「私」を、「知られざる」ものではあるが無いわけではなく、ともあれたんなる現存在として感じている。ここで問題になっている「私」はそれ以上のものではないのである。もしかするとこれは、〈ほんとうの自分って何〉という問いに囚われて自分探しの旅に出ようとしている人にとって、ときには参考に値する議論かもしれない。

魂の持続性という問題

さて、以上のような批判的見地を踏まえず、「思考する自己」すなわち魂を、実体という純粋悟性概念で把握することで、魂の絶対的持続性を理性が主張するとしたらどうだろうか。このような話題が§47と§48で論じられる。

実体の持続性は、「経験の類推」における「第一類推」が扱ったものである（第四章参照）。しかし、そこで明らかになったとおり、実体という概念によって把握された対象に持続性を認めることができるのは、その対象が現象である場合に限られる。私たちが、「思考する自己自身（魂）」についてはそれを物それ自体として把握できると誤解して、それを実体概念で把握し、〈魂は永久不滅である〉という判断（ア・プリオリな総合的判断）を下そうとしても、それは不可能なのである。純粋悟性概念は物それ自体には適用できないからである。かくして、魂という概念は空虚に留まらざるを得ない。

もっとも、生きている限り、私たちはさまざまな経験をすることが可能なのであるから、生命が続く限りで魂は持続すると推理できないわけではない。しかし、これは従来の合理的心理学が論証しようとしたことではない。合理的心理学は死後の魂の持続性をテーマにしてきたからである。以上のように、経験の第一類推に基づいて、心理学的理念が認識不可能であることが明らかにされた。

外界の存在証明

続く§49は一見すると、魂の不死をめぐる合理的心理学の批判と関係のない記述に見える。

実際、この節に対応する記述は、『純粋理性批判』初版では「純粋理性の誤謬推理」における「第四の誤謬推理」（A366―380）で論じられたものの、同書第二版では「純粋悟性の諸原則の体系」における「経験的思考一般の要請」の中で「観念論論駁」（B274―279）と題されて論じられている。同趣旨の議論の位置が、超越論的弁証論から超越論的分析論に移されたのである。『純粋理性批判』初版では、外界の存在証明を「推理」の問題として誤って理解することでひき起こされる「観念論」が批判される。他方、『純粋理性批判』第二版における記述もまた「観念論」の論駁であるが、「自分自身の現存在の意識」があるなら、それが私の外なる空間中に諸対象が現存在することを証明しているという積極的な議論が展開される。『プロレゴーメナ』に戻って引用しよう。

物体が私たちの外に（空間の中に）現実存在することは、私自身が内官の表象に従って（時間の中に）現に存在するのと同様に、確実な経験である。というのは、「私たちの外」という概念は、ただ空間の中の現実存在だけを意味しているからである。（Ak337、中公136、岩波184）

ここでは、私たちが時間の中で自分自身の存在を経験（自己認識）しているという事実の明証性を手掛かりとして、同様に、物体が「私たちの外に」現実存在することもまた確実な経験〈対象認識〉であるという視点が示されている。したがって、『純粋理性批判』初版のように「推理」が問題となるわけでもなければ、同書第二版のように、「自分自身の現存在の意識」の条件として空間中に対象が現存在することを求めるわけでもない。むしろ、私たちはすでに「私たちの外」という概念において「空間の中」を理解しているのであり、〈私たちの空間意識の外〉を理解しているわけではないことが指摘される。

この議論に満足できない人は、認識対象をあいかわらず物それ自体であると考えている人である。そうした人が、自分は物それ自体を正しく認識しているだろうかと疑うようになると、私たちの外に物（対象）が現実存在するかどうかも疑わしいと考えるようになるのではないだろうか。この考えが、カントと無縁なことはすでに明らかだろう。しかし、問題なのは、そうした考えをもつ人が、それでも「私」については物それ自体としての「私」に接することができると考えていることである。物それ自体としての「私」が現存在するのは確実だが、外界に物体が存在するかどうかは疑わしい、と。しかし、実は、経験されている「私」は内官の現象であるに過ぎない。その点では、空間の中の諸対象と同じである。こうして、カントは議論を再び「私」の問題へと回帰させ、それが〈物それ自体としての実体〉と解される道を遮断するのである。

三　宇宙論的理念の問題（§50から§54）

§50から§54では、宇宙論的理念が論じられる。これは『純粋理性批判』の「純粋理性の二律背反」に相当する箇所である。ここに展開される議論こそが、カント批判哲学の核心の最重要部分に位置づけられる。純粋理性の「二律背反（アンチノミー）」を見いだしたことこそが、カントを理性批判へと駆り立てたからである。

宇宙論的理念と独断論的なまどろみ

まずは、§50の冒頭から引用しよう。

〔宇宙論的理念〕は、純粋理性がその超越的使用において産出したものであり、これは純粋理性の注目すべき現象である。この現象は何よりも最も力強く働きかけ、哲学をその独断論的なまどろみから目覚めさせ、そして理性そのものの批判という困難な仕事へと哲学を動か

すからである。（Ak338、中公137、岩波185）

私たちは、『プロレゴーメナ』の序文を検討した際に、すでに「独断論的なまどろみ」という表現に出会っている。そこでは、ヒュームの所説がカントを「独断論的なまどろみ」から覚醒させたとされていたが、ここでは、まさにここで検討される宇宙論的理念こそが哲学を「独断論的なまどろみ」から覚醒させ、理性批判へと向かわせると記されている。ちなみに、すでに第一章で言及したように、カントは後年、一七九八年のガルヴェ宛書簡で、二律背反がカントを「独断論的なまどろみ」から覚醒させ、理性批判へと駆り立てたとも述懐している。

宇宙論的理念とは何か

ともあれ、ここで論じられる宇宙論的理念とはどのようなものなのだろうか。

私がこの理念を宇宙論的と名づけるのは、この理念が、その客観をいつでも感性界の中だけにもち、感官の客観を対象とするもの以外のものを使用することもなく、したがって、その限りで感性界に留まり超越的でなく、それゆえそこまではいまだ理念ではないからである。

（中略）しかし、それにもかかわらず、宇宙論的理念は、条件づけられたものとその条件との結合（それが数学的であれ力学的であれ）を、経験がそれに決して追いつけないほど甚だしく拡張する。したがって、宇宙論的理念は、この点にかんしてはつねに、その対象が決して何らかの経験において適切に与えられ得ない理念なのである。（Ak338、中公138、岩波185―186）

この引用文には、宇宙論的理念の独特の性格が表現されている。すなわち、この理念は、第一に、感性界にかかわるものである。したがって、これは、現象やその総体としての世界や自然にかかわる。それゆえ「宇宙論的」と称されるのである。さらに言えば、この理念は、感性界に留まるという点では「超越的」でなく、その限りでは「理念」と言えないが、第二に、この理念は、「条件づけられたもの」に対してその「条件」を結合することで「無条件的なもの」を考え、やがて経験が及ばない領域にまで至る。その点で、やはり「理念」と呼ばれるのである。以上のようにカントは説明する。なお、カントが参照していたバウムガルテンの『形而上学』では、まず「存在論」が、それに続いて「宇宙論」、「心理学」、「自然神学」の順序で論じられている。カントは、「心理学」を「宇宙論」に先行させたが、それは、定言的三段論法が仮言的三段論法に先行し、経験の第一類推が第二類推に先行して語られることに対応している。

四つの二律背反

「二律背反」という言葉は、日常的にも用いられる。しかし、カントにとって、それは理性の自己矛盾を帰結する挑発的な事態である。そこでは、純粋理性が、みずからの原則に従って考えることによって、世界にかんする相矛盾する命題をいずれも正当化できてしまう。これは宇宙論的理念に固有の事態である。§51で、そうした二律背反（アンチノミー）が四つ提示されるが、それは任意に並べられたものではなく、カテゴリーの量・質・関係・様相に従って体系的に提示される。同節から引用しよう。

そのような超越的理念〔宇宙論的理念〕は、カテゴリーの部類と同じ数だけ、すなわち四つだけある。しかし、そうした四つの部類のそれぞれにおいて理念はもっぱら、所与の条件づけられたものへと至る諸条件の系列の絶対的完璧さにかかわる。このような宇宙論的理念に応じて、純粋理性の弁証論的主張もまた四通りだけ存在する。（Ak 338、中公138―139、岩波186）

上述のように、理性は、条件づけられたものが与えられているなら、無条件的なものも与えら

表5　4つの二律背反

1.

命題

世界は、時間と空間からみて、
一つの始まり（限界）をもつ。

反対命題

世界は、時間と空間からみて、
無限である。

2.

命題

世界内のすべては単純なもの
からなる。

反対命題

単純なものは何もなく、むしろ
すべては合成されている。

3.

命題

世界内には自由による原因が
ある。

反対命題

いかなる自由もなく、すべて
は自然である。

4.

命題

世界原因の系列のうちには、
何らかの必然的なものがある。

反対命題

世界原因の系列のうちでは、
何ものも必然的でなく、
むしろこの系列のうちでは
万物は偶然的である。

れていると考える。何か結果があるなら、その原因の原因のそのまた原因を考え、その与えられた結果へと至る系列も絶対的に完璧に与えられていると考える。理性は本性上このような考え方をするがゆえに、次の四つの二律背反に直面することを避けることができない（表5）。『純粋理性批判』では、これら四対の相互に矛盾する二つの命題（テーゼとアンチテーゼ）について、それぞれの証明と注が記されている。その証明方法は、他方の命題を前提するなら不合理に陥ることを示して、当の命題の正しさを明らかにするものである。こうした論証方法を帰謬法という。例として、第一のアンチノミーの証明を、時間にかんして簡単に記してみよう。

〈いま〉という条件づけられた時間がある。さて、世界が、時間からみて、無限であると前提してみよう。すると、〈いま〉に至るまで無限の時間が経過したことになる。しかし、無限の時間が経過したなら、どうして〈いま〉があるのだろうか。〈いま〉は系列の完結を意味するのだから、無限の時間の系列とは両立しない。したがって、無限の時間の経過を考えることは不合理であり、テーゼが主張するように、世界は、時間において一つの始まりをもつことになる。

他方、世界が時間的な始まりをもつと前提してみよう。それが「始まり」であるとは、それ以前に、世界が存在しない空虚な時間が先行することを意味する。しかし、空虚な時間には、世界を非存在から存在へと生成させる理由がない。それなのに、〈いま〉という時間において世界は存在している。したがって、世界に時間的な始まりを考えることは不合理であり、アンチテーゼが主張するように、世界そのものが始まりをもつことはない。〈いま〉という条件づけられた時間に至るまで、時間は無限に過ぎ去ったのである。

以上のように、テーゼもアンチテーゼも、帰謬法に基づいて証明される。そこに帰結するのは、純粋理性が、相互に矛盾する二つの命題を証明してしまうという事態である。

人間理性の稀有な現象

このような理性の自己矛盾を、続く§52でカントは「人間理性の稀有な現象」(Ak339、中公140、岩波188)と呼ぶ。たとえば、人間が理性的動物と呼ばれるとき、一般にこの理性こそが人間の尊厳を担保している。それなのに、当の理性が自己矛盾をひき起こすような能力なのである。これは、稀有であるとともに解決されるべき問題状況である。懐疑論者であれば、理性なんてそんな程度のものさ、と言って済ませられるかもしれないが、批判哲学者はこの問題を解決すべく立ち向かう。

『プロレゴーメナ』のカントは、まさに批判哲学者として、同節でこの問題状況を打破する視点を即座に提供する。すなわち、現象と物それ自体を区別せず、現象の結合における原則を物それ自体の結合における原則であると考えている限り、この問題は解決しない。逆に、現象と物それ自体との批判的区別を行うことによって、この問題は解決されるのである。しかし、そうした解決は後に見るとして、ここでは理性の自己矛盾をもう少し見つめよう。

理性は、原理の能力として、「理念」を導出する能力である。ここでは、四つの二律背反において、世界にかんする四つの理念が取りだされている。すなわち、世界の始まり、世界の最小単位、世界における自由、世界における必然的なもの、である。先に、理性は「絶対的全体」にかかわることを指摘した。ここでは「絶対的全体」として「世界」が考えられている。私たちは与えられたもの（条件づけられたもの）から無条件的なものへと背進することで、この全体を考える。仮言的三段論法に基づいて宇宙論的理念が導出される所以である。

さて、この世界の形式が空間と時間であるから、第一アンチノミーでは世界における諸事象の結合の絶対的な完璧さが理念的に問われることになる。また、この世界の内容は物質であるから、第二アンチノミーでは、その分割の絶対的な完璧さが問われることになる。次に、この世界にはさまざまな結果が見いだされるから、そうした結果に対する原因、そのまた原因を問うことで、第三アンチノミーでは、そうした系列の絶対的な始まりとしての「自由」が問われる。さらに、この世界には偶然的なもの（他のものに依存しているもの）が見いだされるから、第四アンチノミーではその偶然的なものの系列における絶対的に必然的なものが問われるのである。このような理念の導出は、何か条件づけられたもの（ある場所、ある時点、ある物質、ある結果、ある偶然的出来事）が経験的に与えられていることに端を発する。しかし、そこから導出された理念は、もはや経験によって確かめることができない。世界に始まりがあるかどうかなど、どうやって経験できるだろうか。したがって、§52 b でカントは、アンチノミーを形成する両命題について、どちらが正しいかを経験によって確かめることはできないことを指摘している。

数学的二律背反における誤りの所在

さて、四つの二律背反（アンチノミー）のうち、最初の二つは「数学的二律背反」、後の二つは「力学的二律背反」と呼ばれる。これは、純粋悟性概念（カテゴリー）において量と質の部類が「数学的カテゴリー」と呼ばれ、関係と様相の部類が「力学的カテゴリー」と呼ばれたことに対応する。数学的二律背反では、空間と空間、時間と時間、物質の部分とその部分のように、結合されるものが同種であるが、力学的二律背反では、原因と結果のように結合されるものが同種的であるとは限らない。それぞれの二律背反がもつ前提のどこに誤りがあるかを明らかにするのが、§52 c と §53である。

数学的二律背反を解決するには、テーゼとアンチテーゼのいずれかが誤りであることを指摘できればよいが、カントはその双方が誤りであることを指摘する。前者でことがらが解決するなら、真に純粋理性が自己矛盾していなかったことになるからである。§52cから第一アンチノミーにかんする記述を引用しよう。

さて、空間と時間のうえで世界の量〔大きさ〕を私が問う場合、それが無限であると言うことも、それが有限であるとも言うことも、ともに私のすべての概念にとって不可能である。というのは、両者のいずれも、経験の内に含まれ得ないからである。なぜなら、無限な空間も無限に流れ去った時間も、空虚な空間あるいは先行する空虚な時間による世界の限界づけも、それを経験することは不可能だからである。これらは理念に過ぎない。したがって、いずれかの仕方で規定された世界の量〔大きさ〕は、すべての経験から分離されて、世界それ自身の内に存するのでなければならないことになろう。しかし、これは感性界の概念に矛盾する。（Ak342、中公144―145、岩波192―193）

私たちの認識には直観と概念とが必要であり、認識は可能な経験の範囲でのみ成立することはすでに確認したが、無限の世界も世界の果ても、それを経験することはできない。したがって、私たちにはそれを客観的に判断することはできない。無限の世界も世界の果てもともに理念に過ぎないのである。それにもかかわらず、私たちがテーゼやアンチテーゼを立言できると思い誤るのは、「世界それ自身」を語っているつもりになっているからである。すなわち、現象と物それ自体の区別を忘れて、物それ自体としての世界について語るからである。しかし、そもそも世界は現象の総体であり感性界であるに過ぎない。「世界それ自体」という概念は矛盾でしかないのである。

第二アンチノミーも同様に解決される。ここではカントの記述を離れて説明しよう。テーゼは世界に最小単位（広がりをもつ単純なもの）があると主張する。たとえば、眼前に書物が与えられているなら、その書物は最小単位からなっているはずである。さもなければ、すなわち、広がりをもたない無限小からなっているとするなら、どうして眼前に書物があるのか分からなくなってしまう。他方、どのような最小単位を私たちが思い描こうと、それを半分にできるのではないか、と考えてしまう。その半分のさらに半分……をも考えてしまう。訳が分からなくなった私たちはそこで気づく。自分が現象と物それ自体の区別を忘れて、物それ自体を分割しているつもりになっていることを。私たちが分割しているのは、実は自分の空間意識に過ぎないのである。

力学的二律背反と自由の問題

「力学的二律背反」の解決は、「数学的二律背反」の場合とは異なり、テーゼとアンチテーゼの双方が真であり得ることを示すことによって行われる。この課題を担う§53は、比較的長いものになっていて、そのほとんどは第三アンチノミーの解決に費やされている。というのは、まず、第三アンチノミーで論じられる「自由」こそがカント哲学における最重要の概念だからであり、次に、第四アンチノミーは第三アンチノミーと同様の仕方で解決されるからである。カント自身がやがて『実践理性批判』の序文で、「自由の概念」が純粋理性の体系の建築物全体の「要石（かなめいし）」（それを抜き去ると建物全体が崩壊するほど重要な構成要素）をなすと呼んでいることを踏まえて、私たちも自由の概念に集中しよう。

力学的二律背反もまた数学的二律背反と同様、現象と物それ自体の区別をせず、感性界の対象を物それ自体と見なしている限り、解決しない。カントはすでに自然法則が現象における法則であることを明らかにしたが、そうした法則を物それ自体の法則と思い違えている場合は、数学的二律背反と同様に矛盾が解消されることはない。さらに、ここで問題となっている自由が帰属する主体を現象として考える場合でも矛盾は解消しない。それでは、現象において自然必然性がありかつ自由があると語ることになるからである。理性の自己矛盾とともに自由の問題を未解決のままに放置するなら、善悪や基本的人権のような、カントの実践哲学にとって不可欠な概念が成立しなくなる。そこで、カントはさっそく自由を救出する視点を提示する。ここで、力学的二律背反に含まれる第三アンチノミーにおいては結合される原因と結果が同質であるとは限らないという論点が意味をもってくる。

しかし、もし自然必然性がもっぱら諸現象に関係づけられ、自由はもっぱら物それ自体に関係づけられているとするなら、いかなる矛盾も生じない。たとえ、二種類の原因性が想定され、あるいは認められることで、後者の種類の原因性〔自由による原因性〕を把握することがたいへん困難あるいは不可能となるかもしれないが。（Ak343、中公147、岩波195）

世界における出来事はたしかにそのものとして現象であるが、その現象の原因をもまた現象に求めるなら、そこには自然必然性が認められ、いかなる自由も認められない。どのような原因もまた一つの出来事である以上、それに時間的に先行する原因に支配されているからである。他方、世界における出来事の原因を、現象ではなく物それ自体に関係づけるなら、当該の出来事はそこに自然発生的に生じると考えることができる。このとき、同一の出来事が自然の原因性に従いつつ、自由による原因性にも従うと考える展望が拓く。もっとも、自然の原因性は私たちが経験においてよく知っているものなので、それを認めるならかえって自由による原因性を認めづらくなるかもしれない。実際、私たちは自分の行為について、それを自由の名において選択したと考えてなお、すぐに、しかし隠れた自然原因があったのではないかと反省する。ともあれ、カントは、この引用文で第三アンチノミーを解決するための視点を提示しているのである。

自由とは何か

私たちは、次にここで問題になっている「自由」という理性概念（理念）を理解しなくてはならない。カントが、初発の原因として自由を説明している文章を引用しよう。

それ〔自然必然性〕に対して、自由が諸現象の何らかの原因の特性であるはずだとしたら、自由は、出来事としての諸現象に対して、その都度、それをみずから（自発的に）始める能力であるに違いない。すなわち、原因の原因性そのものが始まる必要がなく、それゆえその始まりを規定する他の根拠が必要でないような能力でなければならない。しかし、その場合、原因は、その原因性の面では、その状態の時間規定に従わない、すなわち何ら現象でないに相違なかろう。言い換えれば、原因は物それ自体として、他方、結果だけは現象として想定されねばならないだろう。（Ak344、中公148、岩波196）

世界に自由が認められるとしたら、それは初発の原因として何らかの現象を結果するものである。自由においてその現象は他の現象の結果としてでなしに、自然発生的（自発的）に生起する（始まる）。たとえば、みなさんが、眠気に駆られてこの書物を手から取り落とすのでなく、たんにもう読むのを止めようと思って書物を閉じる場合を考えてみよう。前者は、眠気が原因となって手の筋力を弛緩させることで書物の落下がひき起こされる。後者では、書物が閉じられるという結果に対する原因そのものは、みなさんが時間の中でどのような状態であるかとひとまず無関係である。仮に休み時間が終わるからという理由があっても、休み時間の終了後も読み続けることができなくはないからである。この場合、書物を閉じさせる原因そのものは現象ではない。現象でないなら、それは物それ自体として想定するほかないだろう。もちろん、書物を閉じるとき、身体はそれをひき起こすにふさわしい筋肉運動をしているだろう。これは現象としての出来事である。すると、書物を閉じるという同一の行為を、私たちは、現象としても物それ自体としても、自然としても自由としても記述できることになる。

当為と実践的自由

このような議論は読者に、なんだかご都合主義だ、と受け取られるかもしれない。これまで物それ自体は認識不可能であり、それについて積極的に語ることは超越的な越権であるとされてきたのに、自由を救出する段になると、いきなり自由による原因性に基づく原因を物それ自体であると想定するからである。カントはそうした疑念を払拭すべく、議論をいったん実践的な自由へとずらして説明する。『純粋理性批判』も『プロレゴーメナ』も、自由については純粋理性の思弁的使用を問題にしているのだが、その実践的な使用を例として挙げることで、みずからの立論に説得力を持たせようとしているのである。いささか長くなるので、①から⑥を挿入しつつ引用してみよう。

①私たちはみずからの内に一つの能力をもっている。この能力は、たんにその行為の自然原因であってそれを主観的に規定する諸根拠と結びつき、その限りで、何かそれ自身が現象に属しているものの能力であるのみならず、たんに理念である客観的根拠に関係づけられてもいる。理念がこの能力を規定することができる限り、ではあるが。②このような結合は当為(とうい)(Sollen)によって表現される。③このような能力は理性と呼ばれる。そして、私たちがある存在者(人間)をもっぱらこの客観的に規定可能な理性に従って考察する限り、その存在者は、感性的存在者と見られることはできない。④むしろ上述の特性は物それ自体の特性であるが、私たちはその可能性をまったく把握できない。すなわち、いかにして当為というまだ生起していないことが、それにもかかわらずかの存在者の活動を規定しているのか、また、

その結果が感性界に現象として現れる行為の原因であり得るのかを私たちはまったく把握できない。⑤しかしながら、それでも理性の原因性は、それにかんしてそれ自身が理念である客観的根拠が規定的であるとみなされる限り、感性界の結果にかんして、自由であろう。というのは、その際、理性の働き〔行為〕は主観的諸条件に依存せず、つまりいかなる時間的条件にも、したがってさらに、この働き〔行為〕を規定するのに資する自然法則にも依存していないからである。⑥なぜなら、理性の諸根拠は、普遍的に、原理に基づいて、時間や場所の状況から影響を受けることなく、諸行為に規則を与えるからである。（Ak 344―345、中公148―149、岩波198―199、①②③④⑤⑥は引用者による挿入）

①は人間の一つの能力に二つの根拠が結びついていることを指摘している。すなわち、人間は、一面では現象であり、その能力は自然に内在する原因である。この能力は各人固有の主観的な根拠によって規定されている。ひとには誰しも気質のようなものがあることを考えてみればよいだろう。しかし、人間は他面では理念をもつ存在であり、それを客観的根拠とすることができる。たとえば、ケーキの甘さを経験したがゆえに甘いもの好きになった人は、甘いケーキがあればそれを食べたいと主観的に思うような存在であるかもしれない。しかし、人間はまた、ひとは誰しも健康のために甘いものへの過剰な嗜好から自由にならねばならないと、客観的根拠をもって考

えるような存在でもある。

②人間のこのような能力は、なるほど客観的根拠に基づいて規定（決定）され得るものの、しかし同時に主観的根拠とも結合している。この結合が、私たちには「当為」（べし）と表現される。たとえば、〈そんなに甘いものばかり食べるべきではない〉という考えは、健康を維持したいという意欲と、眼前の甘いものに手を伸ばしたいという意欲とが結合することで成立している。もちろん、そう考えたとしても、それが実現するとは限らない。そのように「当為」とは、分かっちゃいるけど止められない、という事態が起こり得ることを含んだ表現なのである。

③で、この引用文が話題にしている人間の能力が、「理性」であることが明言される。もっぱら主観的な根拠に依存して行為するのではない人間は、自然法則のみに従属する感性的・身体的存在ではなく、理性的に行為できる存在なのだから、その能力が「理性」と名指されることに不思議はない。なお、引用文にはこのような理性が「客観的に規定可能な理性」であると記されている。これは、健康のために過剰な甘いものの摂取を控えようというように、客観的に行為の理由（理性）を決めることができることを意味している。

④当為の意識は、自然現象の特性ではない。甘いものを食べ過ぎて胸やけを起こすのは自然現象だが、そうした食べ過ぎを防止しようとすることは、即座に自然現象とはいえない。現象でないなら、それは物それ自体の特色であろう。しかしながら、私たちは、〈甘いものを食べ過ぎる

べきではない〉という当為意識が、どうして甘いものを食べるのを控えるという結果を生むのかを理解することができない。というのは、後者の結果と前者（当為意識）とを原因性に従って把握できないからである。原因性の概念の適用には、感性における直観形式としての時間が必要なことが思い出されねばならない。

⑤それでも実際に私たちは、客観的根拠に基づいて食欲から自由になることが可能である。そこに「理性の原因性」（理性には、みずからが原因となって結果をひき起こす力がある、ということ）が「自由」であると考える余地は残っている。その原因性が自然法則に依存していないからである。

⑥それにしても、理念（理性概念）が客観的根拠であるとは、突き詰めて考えるならどういうことだろう。それは、「普遍的に、原理に基づいて」考えた規則に行為が従うということである。たとえば、私たちは、いつでもどこでも誰でも自分の健康を害するようなことをすべきでないという普遍的で原理的な思考に基づいて、目の前に甘いものがあろうと、そこが結婚式場であろうと、自分が来賓であろうと、食べ過ぎを控えることがある。そこに自由を認めることができるとカントは指摘するのである。

さて、私たちが食べ過ぎを控えるとき、私たちは自然法則を妨げているだろうか。そうではない。私たちが甘いものを食べ過ぎなかったので胸やけを起こさなかったという事態は、自然法則の秩序にいささかも抵触していない。むしろそのこと自体が自然法則にかなっている。このように、自由に基づいたいかなる行為も、自然法則の維持を妨げない。同様に、自然法則そのものは、それに従って生起する結果が〈あるべき〉か〈あるべきでない〉かを理性が考えることを妨げはしない。その点で、理性は自由であり、そこに「実践的な理性使用の自由」（Ak346、中公151、岩波201）が認められるのである。

実践的自由を手掛かりとして、超越論的自由を考える

以上は、私たちが日々の実践において経験している、自分の欲望からの自由の例に過ぎない。しかし、この例を踏まえて、〈書物を閉じる〉という行為に戻ってみよう。それが第一の始まりであり得るかどうかが問題である。たとえば、この行為が、授業中に授業と無関係な書物を開いていることは教師や他の学生に対する敬意を欠く行為である、という理由で行われるとしよう。このとき、行為の根拠は「誰もが他人に敬意を払うべきだ」という普遍的で客観的なものであるから、この行為は先行する時間や状況に依存せずに始まることになる。同時に、この行為とその結果は現象として、現象の系列の中に位置づく。書物を閉じるための筋肉運動も、閉じられた書物が机上に置かれていることも、自然の必然性に従っている。これらは、絶対的に第一の始まり

としての「超越論的自由」と自然必然性とが両立できることを意味している。こうして第三アンチノミーは解決される。カントのまとめを引用しておこう。

このように、行為は、理性の原因性にかんしては、第一の始まりとみなされることができるが、他方、諸現象の系列にかんしては、それでも同時に、たんに従属的な始まりとみなされることができる。また、行為は、前者の見方では自由と、後者の見方では（行為はたんなる現象なので）自然必然性に従属させられていると、矛盾なくみなされることができるのである。（Ak346―347、中公152、岩波202）

私たちは、同一の行為を、理性を根拠とするという側面からは、第一の始まりであり自由であると見なし、諸現象の系列に属するものという側面からは自然必然性に服すものであると見なすことができるのである。それでも、先の引用文（Ak343）に書かれていたように、同時に自然の原因性を認めるなら、自由による原因性は見えづらくなるだろう。なにしろ、前者のリアリティは経験が保証してくれるが、後者は物それ自体を見込んで考えられているに過ぎないからである。

私たちはここで、どうして自由に「物それ自体」が関係づけられ得るのかを考えておこう。「物それ自体」とは、他の何ものとも関係なくその物そのものに即して考えられた物のことだった。この「他の何ものとも関係なく」という見方は、現象においては不可能である。現象においてはすべてが関係し合っているからである。しかし、現象としての特定の行為を、他の（先行する、あるいは同時存在する）現象との関係なしに、普遍的で客観的な根拠に基づいた帰結であると考えるとき、当該の行為は、現象の系列を離れて、「それ自体」として切り出されている。このように考えれば、自由という第一の始まりの原因を物それ自体に見込むことにも、なにほどかの理解が得られるのではないだろうか。

以上のように、『プロレゴーメナ』における二律背反論は展開される。カント自身はここでの記述が簡潔に過ぎることを意識しつつ、それでも二律背反を明瞭に提示したことの意義を§54で次のように記している。

> ひとが感性界の諸対象を事象それ自体ととらえている限り、また、感性界の諸対象が実際にそれであるもの、すなわち、たんなる諸現象であるととらえないでいる限り、理性のこのような自己自身との対立を抜け出すことは、まったく不可能であるから、読者はそのことでもって、この問題に決着をつけるには、すべての私たちのア・プリオリな認識の演繹や、私がそれに与えたア・プリオリな認識の吟味に、いま一度、取り組んでみるよう強いられることになるのである。（Ak347、中公153、岩波203－204）

「読者」はここで理性の自己矛盾に直面した。そして、それを脱却するには、私たちの認識対象は、「事象それ自体」(物それ自体)ではなく「現象」に過ぎないという批判的見地に立たねばならないというカントの所説を知った。ここでほんとうにそうなのかと疑い、自分でこの問題に決着をつけようとするなら、読者は、カントが「いかにしてア・プリオリな総合的判断は可能か」という問題の下で遂行した、ア・プリオリな認識の演繹(正当化)や、カントによってもたらされたア・プリオリな認識(すなわち、超越論的認識)を吟味すべく、『純粋理性批判』を手に取らねばならなくなるのである。

四　神学的理念の問題(§55)

『純粋理性批判』の「超越論的弁証論」では、魂をめぐる誤謬推理、世界をめぐる二律背反と並んで、「純粋理性の理想」という表題の下、神学的理念の問題が扱われる。初版で七十五頁ほどを費やして論じられるこの問題が、『プロレゴーメナ』ではなんとたった一節(§55)の記述で済まされている。同書第三部の「結論」(§57以降)でも同じ問題が言及されるがゆえに、このような取り扱いになっていると推測はできるものの、それにしてもたった一節とは! なにしろ、『純粋理性批判』の当該箇所は、神が現存在することを思弁的に証明しようとするあらゆる試み(存在論的証明、宇宙論的証明、自然神学的証明)に対して、その不可能を論じたものとして、哲学史上、有名なのである。

純粋理性の理想

カント自身は、『純粋理性批判』において展開した「超越論的神学の越権」に対する批判が「分かりやすく、納得のいくものであり、決定的だ」(Ak348、中公155、岩波205)という理由を挙げつつ、詳細に立ち入ることを控えている。ともあれ、同節から引用してみよう。この引用も長くなるので①から④を挿入する。

①第三の超越論的理念は、最も重要な理性使用に素材を与えるものであるが、その使用がたんに思弁的に行われる場合は、法外で(超越的な)そしてそれによって弁証論的な理性使用に素材を与えることになる。②このような第三の超越論的理念が純粋理性の理想である。③

理性はここでは、心理学的理念や宇宙論的理念の場合のように経験から始めて諸根拠を上昇していくことによってできることならその諸根拠の系列の絶対的な完璧さに至るように誘われるのではなく、経験からきっぱり断絶し、物一般の絶対的完璧さを構成するであろうものの、たんなる概念に基づいて、したがって最高に完全な根源的存在者の理念を介して、他のすべての物の可能性の規定へと、したがってまたその現実性の規定へと下降するので、④ここには一つの存在者というたんなる前提があるに過ぎない。(Ak 348、中公154、岩波204―205、①②③④は引用者による挿入)

①第三の超越論的理念である神学的理念は、「最も重要な理性使用」において有意味だが、思弁的な理性使用においては超越的で弁証論的な仮象をもたらすものになる。したがって、「超越論的弁証論」の枠内では、神学的理念もまた仮象である。ただし、「最も重要な理性使用」すなわち実践的な理性使用においては事情が異なる。神的存在の理念が、実践的な理性使用には有意味なのである。なお、カントの倫理学は『純粋理性批判』初版や『プロレゴーメナ』執筆時にはいまだ完成しておらず、その中心概念である「自律」の登場さえ『道徳形而上学の基礎づけ』(一七八五年)を待たねばならない。ともあれ、完成後のカント倫理学もまた、神的存在の理念をその基礎に置くことはないものの、その理念と多様な仕方で関係している。

②神学的理念にのみ、カントは「理想（Ideal）」という呼称を与える。『純粋理性批判』で彼は、純粋悟性概念より純粋理性概念（理念）の方が客観的実在性から遠いが、そうした理念よりも理想はさらに遠いと記している（A567―568／B595―596）。純粋悟性概念（カテゴリー）は現象に適用される場合には客観的実在性をもつ。理念にそうした適用は不可能であるから、理念が客観的実在性をもつことはない。それでも、たとえば世界にかんする理念は、現象が与えられたところから背進して考えられるので、現象とまったく無関係ともいえない。しかし、「理想」としての第三の理念は、現象からまったく隔絶されている。

というのは、③神学的理念は、心理学的理念や宇宙論的理念と思考の方向が違うからである。後の二者は諸根拠を上昇する（遡る）ことで系列の完璧な全体を得ようとする。それに対して、神学的理念は、何か「物一般の絶対的完璧さを構成する」ものの概念から出発し、あらゆる物の可能性や現実性へと下降する。ここで私たちは、神学的理念が選言的三段論法から導出されることを思い出そう。選言的三段論法の大前提は「Aはbであるかcであるかのいずれかである」と表現される。これを敷衍（ふえん）して考えてみよう。私たちが何か個物について、「それは○○である」と判断するとき、その○○以外のすべての述語が否定されている。たとえば、「これはペンである」と判断するなら、「これは鉛筆でも包丁でも自転車でも……なく、ペンである」という判断が下されている。このような○○とそれ以外のすべてが「物一般」である。それを「絶対的完璧さ」で有する存在はもちろん理念でしかないが、「最高に完全な根源的存在者」の理念である。すると、④すべての物（物一般）の可能性も現実性も包みこむような存在は「一つの存在者」でしかあり得ない。さもなければ、すべての物を包みこんでいるとは言えないからである。ここに第三の理念に「理想」という特別の呼称を与えられる理由がある。というのは、理念は理性概念として一般表象だが、第三の理念は「一つの存在者」として個体的なものになるからである。私たちは、このような「一つの存在者」を考え、それを神学的理念としてもつ。しかし、私たちは、主観の能力としての理性によってそれを考えたに過ぎない。それを客観的なことがらであると考え違えるとき、件の理念は私たちを誤謬へと導くのである。

五　超越論的理念の統制的使用（§56）

三つの超越論的理念にかんする記述に続く§56は、「超越論的諸理念への一般的注」と題されている。これは心理学的、宇宙論的、神学的な理念について、一般的に、その誤用と適切な使用を説明するための注である。この箇所は、『純粋理性批判』の「超越論的弁証論」の末尾に置かれた「超越論的弁証論への付録　純粋理性の理念の統制的使用について」に相当する。

超越論的理念の意義

カントはここで、あらゆる客観的な自然科学的探究が（引力と斥力のような）根源力にまで至ると、それ以上、進むことができなくなることを指摘しつつ、超越論的理念はそうした不可解さとは無縁であることを指摘する。というのは、理念は人間理性が主観的に導き出したものに過ぎないがゆえに、その問題は実は客観面（不死なる魂、世界の始まり、現存在する神）にはなく、理性自身にあるからである。理性は、理念をめぐる問題を解決できる。それは、超越論的理念が仮象であることを見抜きつつ、そうした理念を考えることの意義を明らかにすることによって実現する。その意義に該当する部分を引用しよう。

> 経験の絶対的全体は不可能だが、それにもかかわらず、原理一般に従った認識の全体という理念は、それだけが認識に対して特別な仕方での統一を、すなわち体系的な統一をもたらし得るものである。このような統一を欠くなら、私たちの認識は、中途半端な仕事にほかならず、最高の目的（それは、とにもかくにもすべての目的の体系である）のために使用される

ことができない。（Ak349－350、中公156、岩波207）

先に理念は「絶対的全体」にかかわるものであることを記したが、そうした全体に経験的認識（経験）が到達することはない。その点で、私たちの経験は、それをどのように積み重ねようと、つねに中途半端な寄せ集めに過ぎない。しかし、それでも私たちは経験的な諸認識に体系的統一があるかのように考え、そうすることによって認識を促進する。たとえば、複数の事象の経験にかんして、一方で、それをより抽象的にまとめることができないか、他方で、それをより細分化できないか、という見方をすることで、体系的な認識（「最高の目的」）へと接近していく。このように認識を導くのが理性の使命であり、理念はその指標としての役割を担うものなのである。

統制的と構成的

ただし、私たちが感性と悟性を用いて行う認識に体系的統一があると考えるのは、認識主観の能力としての理性である。その点で、理念は私たちの認識を増やすものではない、すなわち、「構成的」なものではない。そうではなく、理念はもっぱら体系的統一に向かって認識を促進する。後者のような理念のあり方を「統制的（統整的）」と呼ぶ。これは、主観的な表象とはいえ、理念を私たちが抱けることの積極的な意義を表している。

このように、統制的にのみ使用できるものを構成的に使用できると考え違えることの最たるものが、可能な経験を超え出た超越論的理念について、私たちがそれを認識できると考えることである。これこそ、独断論的な形而上学が行ってきたことである。カントはそれを批判し、超越論的理念が仮象に過ぎないことを見抜く理路を私たちに提供したのである。

第七章
理性の限界を見定める

カント哲学は批判哲学である。純粋理性の限界を確定することが、その「批判」の核心に位置づけられる。それによってこそ、将来の形而上学に安定した学問の道が確保されるのである。『プロレゴーメナ』の第三部では、「結論　純粋理性の限界規定について」と題された§57から§60において、純粋理性の限界が論じられる。カントは、その題材として、§55でわずかに言及されるに過ぎなかった神学的問題を論じる。なお、この「結論」は『純粋理性批判』の「超越論的弁証論」の末尾に置かれた「人間理性の自然的弁証論の究極意図について」と内容的に重なっている。

一　理性の限界と制限（§57）

カントの認識論において〈認識の限界〉と言えば、人間は可能な経験の範囲内においてのみ対象を認識できるのであり、その範囲外の対象については、それを考えることができるとしても、それを認識し規定することはできない、という彼の所説を反復すればこと足りるように思われるかもしれない。しかし、このようなまとめは、独断論の批判としては十分だが、懐疑論に対する十分な批判にはなっていない。

懐疑論もまた超越的に

カントは、独断論のみならず懐疑論もまた「超越的」な主張をする可能性があると指摘する。さっそく引用してみよう。

理性の使用を可能な経験だけに制限する私たちの原理は、もし慎重な批判が、私たちの理性の限界をその経験的使用にかんしても見張ることなく、また理性の越権にピリオドを打つことがないなら、それ自身、超越的になり、私たちの理性の制限を物そのものの可能性の制限と称するようになるかもしれない。ヒュームの『対話』がその実例として役立ち得るように。(Ak351、中公159、岩波211、強調はカント)

理性による認識(理性認識)を可能な経験の範囲内で行う場合でも、批判によってその限界を見定めないと、〈理性使用は可能な経験においてのみ認められる〉という原理そのものも、超越的になってしまう。これはどういうことだろうか。なるほど、私たちの認識対象は現象であり物それ自体ではない。しかし、だからといって物それ自体をまったく認めないとしたら、それは可能な経験の領域を超えたところに考えられる「物それ自体」について超越的な判断を下したことになる。たしかに、私たちの感性的な直観では物それ自体にかかわることはできないが、だからといって、私たちの直観の仕方がすべてであるとは限らないからである。

カントは、このような問題状況の実例を、ヒュームの著作『自然宗教にかんする対話』に見いだしている。この著作は一七七九年に刊行された。つまり、ヒュームが一七七六年に没した後に発表されたのである。同書については、§57の後半においても再び論じられる。

限界と制限はどのように違うか

カントは「私たちは物それ自体への問いを前にして、そうした問いをまったく止めてしまう自由をもつわけではない」（Ak351、中公160、岩波212）と記している。実際、私たちの理性がその本性上、心理学的理念としての魂、宇宙論的理念としての世界、神学的理念としての必然的存在者を考えてしまうことは、前章で確認したとおりである。理性は経験的認識に満足できず、そうした理念を想定することでしか満足できないからである。だからこそ、理性の限界が確定されなければならない。とはいえ、「限界」とは何だろうか。この概念を説明するに際して、カントは「制限」との対比を導入する。

限界（何か延長しているものの場合）はつねに一つの空間を前提している。その空間は、一定の場所の外部に見いだされるものであり、その場所を包み込むものである。制限はそのようなものを必要とせず、むしろ、一つの量が絶対的な完璧さをもっていない限りで、その量に及ぼされるたんなる否定である。さて、私たちの理性は、物それ自体について決して明確な概念をもち得ず諸現象のみに制限されているとしても、いわばみずからの周囲に物それ自

体の認識のための一つの空間を見ている。（Ak 352、中公161－162、岩波214）

この引用文では、前半で、空間的広がりをもつものにおける限界と制限が説明され、それが理性の場合に応用されている。物体はつねに空間中に現象する。そのとき、物体の占める場所はその周囲を空間に取り囲まれている。その場所と周囲との境界が限界である。「限界（Grenze）」という単語は「国境」という意味をもつように、その内と外を意識させるものである。さらに言えば、その外と内の双方に否定的な意味はない。国境で接するドイツとフランスに否定的な意味がないのと同様である。他方、「制限（Schranke）」は、物体について言うなら、その量に加えられる否定である。たとえば、飛行機への手荷物の持ち込み制限は、一定以上の大きさのものは持ち込めませんという否定的な意味をもっている。これらを理性による認識に当てはめるなら、人間の理性認識は現象にしか及ばないという否定的な意味で「制限」をもつが、人間理性が行う認識の場所の周囲には物それ自体の認識の空間が考えられていて、その双方の境界が「限界」なのである。

このような「制限」と「限界」を、理性認識に属する数学、自然科学、形而上学に当てはめてみよう。数学と自然科学には、学問としての確立した道を歩みつつも、いまだ解明されていないことがある。その意味で、数学と自然科学には「制限」がある。これらの学問の最先端にはいまだ分からないことが存在している。そして、この制限を突破しようとして学問的営為が無限に継続されるのである。しかし、この両者には「限界」は認められない。それを認めるためには、数学的あるいは自然科学的な営みが完成した領域が考えられねばならないが、あくまでこの両者の研究は現象の世界において未完成であり続けるからである。

他方、形而上学の場合はどうだろうか。カントは次のように記している。

> しかし、形而上学は私たちを、純粋理性の弁証論的探究（これは恣意的とか気まぐれとかで開始されるのではなく、理性自身の本性がそれへと駆り立てるのである）において限界へと導く。また、超越論的理念をひとは回避できないこと、それにもかかわらず、それが実在化され得るのでなければならないわけではないこと、まさにこのことによって超越論的理念は、私たちに純粋な理性使用の限界を実際に示すことに資するのみならず、それを規定する仕方を示すことにも資するのである。そして、これこそが、私たちの理性の自然素質がもつ目的や効用なのである。（Ak353、中公163、岩波215－216）

人間理性の素質に基づいて、純粋理性は形而上学において弁証論的探究を始める。それは「絶対的全体」を求める思弁である。純粋理性は、それを経験とは異質な領域に、超越論的理念としてとらえないわけにはいかない。なにしろそれは理性の素質に基づくことだから。しかし、その理念は客観的実在性を要求するようなものではなく、主観的に考え出されたものに過ぎない。このような超越論的理念を考えることによってこそ、純粋な理性使用には可能な経験の範囲内とその外という「限界」があることが明確になる。こうしてみると、超越論的理念には私たちを誤謬へと導くという困った素質があるものの、まさにそのような素質が実現することで、純粋理性自身の限界が明らかになるという効用もまた認められることが分かる。

限界における外と内との結合という問題

こうして、形而上学において純粋理性はみずからの「限界」を見定めることになる。もちろん、純粋理性には「制限」もあり、それは先に第二部（特に、§33と§34）で、純粋悟性概念の使用における制限として指摘されている。しかし、私たちはここで「限界」における固有の問題に直面する。

ここで問われるのは、私たちの理性は、私たちが知っていることと、私たちが知らないことそしてまた決して知ることのないだろうこととの結合に際して、どのように振舞うかである。

（Ak354、中公165、岩波217―218）

私たちのすべての認識は経験とともに始まる。しかし、私たちの理性は経験可能な範囲に満足して留まることなく、理念を考える。このような理念が物それ自体としていかなるものであるかが決して明らかになることはない。しかし、こうして考えだされた理念と経験の領域は、〈知らないこと〉と〈知っていること〉として限界において境を接することになる。しかも、〈知らないこと〉は〈知っていること〉における理性の不満を解消すべく考えだされたのであるから、両者がどのように関係するかを理性は考えざるを得ない。この問題を考えるにあたり、カントは神学的理念である「最高存在者」の概念をとり上げる。

現象世界の内における出来事はすべて偶然的であり、当の出来事以外のものに依存して生起する。しかし、理性は世界のすべてが偶然であることに満足できない。なぜなら、理性は「なぜ」という問いを発し、それに根拠としての答えを示すことで満足する能力だからである。たとえば、夏にどうして災害をひき起こす大雨が降ったのかと問い、それに対して偶然だと答えることでは、理性は満足できない。その根拠の根拠……と問いながら、こうした世界の外にまでその原因への問いを及ぼす。ここに世界原因としての最高存在者が考えられる。

〔最高存在者という〕理神論的概念は、まったく純粋な理性概念である。もっともこの概念は、すべての実在性を含みもった一つの物を表象するに過ぎず、そうした実在性のただ一つでさえ規定することができない。なぜなら、そのためには感性界から実例を借りてこなければならないだろうからである。（Ak355、中公166、岩波219―220）

世界原因としての最高存在者は、理性のみによって考えられた神である。このような神の概念を提示する立場を「理神論」という。しかし、こうした神が「すべての実在性を含みもつ」ような存在者であったとしても、それがいかなるものであるかを規定することはできない。私たち人間がそうした規定をしようと思えば、私たちが感性界で知っているものを手がかりにするほかない。そこで人間が手がかりにできるのは人間の悟性や意志しかない。そこで、世界原因としての神に悟性と意志が帰属させられることになる。しかし、私たちが知っているのは（直観的でなく）論弁的でしかない悟性であり、感性的欲望に支配されることもあるような意志である。これらを「最高存在者の純粋概念」に帰属させるなら、そこには矛盾が生じるのみである。したがって、〈知らないこと〉と〈知っていること〉とを結合する際に、前者を後者で規定しようとするなら、私たちは誤りを犯すのである。

理神論と有神論——「象徴的な擬人観」へ

ここでカントは、いまだ「理神論」を否定しているのではない。世界原因としての最高存在者について、「永遠、遍在、全能」という存在論的な述語を超えて、それがどのようなものであるかを規定しようとしなければよいのである。しかし、これでは〈知らないこと〉について思考をめぐらしつつ、それを〈知らない〉ままに留まってしまう。そこにはいかなる認識もないからである。これでは、限界における、〈知らないこと〉と〈知っていること〉との結合は成立しない。

さて、「理神論（Deismus）」とよく似た言葉に「有神論（Theismus）」がある。後者は「人格神論」と訳されることもある。語源的には、前者は神を表すラテン語のデウスに、後者は同じく神を表すギリシア語のテオスに由来するのであり、言葉の上では大きな差はない。しかし、「有神論」こそまさに先にカントが危惧したような、人間の性質（悟性や意志）でもって世界創始者としての人格神を規定する立場である。カントは、ヒュームが「有神論」に対して、特にその擬人観に対して厳しい批判を加えたことを紹介している。

では、一方で、経験認識を無制限に拡大して、〈知らないこと〉を〈知っていること〉で規定することなく、他方で、経験の限界を超えた物それ自体について、〈知らない〉ことを判断せず、それにもかかわらず、〈知らないこと〉と〈知っていること〉とを結合する道があるだろうか。

言い換えれば、世界原因としての神と世界との関係を考える方途があるだろうか。カントはその道を、まさに両者の「関係」に見定め、「象徴的な擬人観」に認めている。当該箇所を①から③を挿入しつつ引用しよう。

しかし、①私たちが自分の判断をもっぱら、次のような一つの存在者に対して世界がもちうる関係に制限するなら、この限界を保っていることになる。その存在者とは、その概念そのものが、私たちが世界の内部で行うことのできる一切の認識の外部に存するような存在者である。②というのは、その場合、私たちは最高存在者のそれ自体に、私たちが経験の諸対象を考える際に用いる性質をささげるようなことをせず、それによって独断論的な擬人観を避けているからである。③しかし、それにもかかわらず私たちは、そうした性質を、最高存在者の世界に対する関係に与え、みずからが象徴的な擬人観をもつことを許す。なお、実際のところ、この擬人観は言葉だけにかかわるのであり、客観そのものにかかわることはない。（Ak357、中公169―170、岩波223―224、強調と①②③は引用者）

①私たちは、私たちの認識の外部に存する〈知らないこと〉について判断するのでなく、〈知らないこと〉と何ほどか〈知っている〉世界との関係だけを判断することで、限界を踏み越えず

に持ちこたえることができる。関係を判断するとは、関係カテゴリーで考えることである。関係カテゴリーは、直観の対象にかかわる数学的カテゴリーとは異なり、現存在の関係にかかわる。さらに、このような関係カテゴリーに基づく純粋悟性の原則は「経験の類推」である。カントは「純粋悟性のすべての原則の体系」において、この原則を統制的原理であるとしていた。統制的原理には、直覚的な確実性をもって〈である〉を語る構成的原理とは異なり、実のところ、類推に基づいて〈であるはずだ〉を語る機能しか存在しない。

さて、ここで関係だけを判断するとは、②有神論のように、人間が経験的に知っている性質によって客体としての最高存在者を規定することではない。それは「独断論的な擬人観」である。なお、擬人観とは、人間固有の諸性質を人間以外の存在者にもち込むことで、そうした存在者を理解しようとする態度をいう。

しかし、③私たちが経験的に知っている諸性質を、件の「関係」だけに与えることはできる。ただし、このようにして語られる関係は、言葉の上のことに過ぎない。それは、具体的には、「世界を最高の悟性や意志の作品である**かのように**見なす」(Ak357、中公170、岩波224、強調はカント)ことである。それは、カントの挙げる例によれば、最高存在者と感性界との関係を、技師と時計、設計士と船舶、指揮官と連隊との関係のようなものとして見ることである。これがカントの認める「象徴的な擬人観」である。カントはこのような見方が「類推(アナロジー)」に従っているという。この点がさらに次の§58で論じられる。

二　独断論と懐疑論との中間の道（§58、§59）

「限界」をめぐるカントの思索は、〈知らないこと〉と〈知っていること〉との「関係」の問題へと私たちを導く。

類推に従う認識

この関係の認識が「類推に従う認識」である。§58の冒頭から引用しよう。

そのような認識は、類推に従う認識である。類推とは、およそこの言葉がふつうに用いられるように、二つの事物が不完全に類似していることを意味するのでなく、まったく類似していない諸事物のあいだの二つの関係が完全に類似していることを意味するのである。（Ak 357、

中公170−171、岩波224−225）

〈最高存在者と感性界との関係〉を〈技師と時計との関係〉であるかのように見るとき、両者の関係が類推である。この二つの関係における諸事物はまったく類似していない。しかし、二つの関係そのものは「完全に類似」している。カントは、この論点を強調するために、この箇所に注を付している。そこでは、例として、権利と運動力というまったく類似していないものを挙げ、しかし、〈権利と義務との関係〉と〈作用と反作用との関係〉には類推の関係が成立することを指摘する。したがって、カントのいう類推は四項関係からなることになる。

さて、類推に従う認識は、次のように行われる。まず、次のような四項を考える。

a：b＝c：x

このうち、a、b、cには〈知っていること〉が入る。そして、「完全な類似」に基づいて、〈知らないこと〉であるxが語られる。カント自身が挙げている例に従って、代入してみよう。まず、aに「子どもの幸福の促進」、bに「両親の愛」、cに「人類の福祉」を入れる。前二者は、親子関係である。しかし、cの「人類の福祉」はそれとは次元を異にしており「まったく類似していない」。このcに対して関係するものを探すことで、神について私たちの〈知らないこと〉を語ろうとするなら、私たちはこのxを「愛」と呼ぶことになる。そうすることによって、a：

b＝c：xが成立するからである。誤解してはならないのは、ここで行われるのは、神の概念に対して、人間の知っている「愛」を押し付けることではなく、世界（人類）と神との関係を愛の名において規定することだということである。

理性で世界を考える

このような「類推に従う認識」は、私たちを理神論から有神論へと歩みださせる。しかし、それが類推に従うものでしかないこと、規定されているのは、客観ではなく関係であることを踏まえているなら、私たちは独断論的な擬人観に陥ることがない。こうして、私たちは、理神論が考える世界原因としての神に対して、さらに述語として「理性による原因性」（Ak358、中公172、岩波227）を加えることができる。もちろん、これは神が「最高の理性」をもっていると規定することではなく、世界を「最高の理性」という原因による結果であると考えることである。これによって、神に対する認識がいささかでも手に入るわけではないが、私たちの世界（現象の総体）に対する態度は変わる。一見したところ不可解な自然現象も、それが「最高の理性」を原因とするものであると考えられるなら、それには必ず原因があるはずだ、という理性的態度を堅持することができるのである。カントによるまとめの文章を引用しよう。

私たちは、あたかも世界がその現存在と内的規定のうえで最高の理性に由来するかのように思い描く。それによって、一方で、そうした世界そのものに帰属する性質を認識する。ただし、世界の原因それ自体を規定しようなどと思いあがることはない。他方、最上原因の世界に対する関係にそうした性質（世界内にある理性形式）の根拠をおく。ただし、世界そのものに帰属する性質を理解しつくすために世界だけで十分であると認めることはない。（Ak 359―360、中公173―174、岩波229、強調はカント）

私たちには、世界がなぜ現に存在するのか、なぜこのような姿をしているのかを、理解し尽くすことができない。この分からなさに理性は不満を抱き、世界を「最高の理性」に由来するものであるかのように思い描く。そうすることで、世界の諸性質の理由を探求し続けることができるのである。もちろん、これによって世界原因としての神が認識されるわけではない。すると、私たちが行っているのは、最上原因と世界との関係を原因性のカテゴリーで考えていること以上のことではない。（直観を欠いているので、ここに認識が成立することはないが。）もちろん、だからといって世界の諸性質の理由が世界内で理解され尽くすこともない。このように、「あたかも……のように」という思考は、独断論でもなければ、懐疑論でもなく、理性によって世界を考える態度なのである。『純粋理性批判』の著者、カント自身の立場表明を見てみよう。

この点で、理性批判は、ヒュームが闘った独断論と、彼が反対に採用しようとした懐疑論とのあいだの真の中道(ちゅうどう)を標示している。(Ak360、中公174、岩波230)

理性による自己規制

カントの立ち位置が明確に示されたところで、これまでの復習を兼ねて、基本的な文章を§59から引用しよう。

感性界はもっぱら現象のみを含む。現象はけっして物それ自体ではない。悟性は物それ自体(ヌーメノン)を想定しなければならないが、それは悟性が、経験の対象はたんなる現象なのだと認識するからである。私たちの理性においては、現象と物それ自体との両方がともに包括されている。問題なのは、双方の領野について悟性を限界づけるために、理性がどのように振舞うかである。(Ak360、中公174―175、岩波230―231)

人間にとって認識可能なのは、感性界にあらわれる現象であり物それ自体ではない。それでも悟性は、認識対象が現象である以上、それは〈何か〉の現れであると考え、物それ自体を想定する。さて、理念の能力として、経験不可能な絶対的全体をも考える理性は、現象の領域と物それ自体の領域の両方を見渡す地点から、悟性の限界を設定する。これは、すでに引用した問い（Ak354）の反復である。しかし、類推にかんする議論を踏まえて、批判的な理性はこのような限界設定を行う理性自身の振舞いに自己規制を加える。そのまとまった表現が次のものである。

> 経験の領野を、他の点では理性に知られないものによって限界づけることは、それでも、このような立ち位置にある理性に残された、一つの認識である。この認識によって理性は感性界の内部に閉じ込められず、また感性界の外部でまどろむこともない。むしろ、理性は限界を知っているものにふさわしく、もっぱら、限界の外部に存するものと限界の内部に含まれるものとの**関係**に自己規制するのである。（Ak361、中公175、岩波231－232、強調は引用者）

〈知らないこと〉と〈知っていること〉との境界を見定める理性は、感性界の内部だけで無理に満足することも、感性界の外部で（独断論の）まどろみを貪る（むさぼ）こともない。むしろ、理性はもっぱら双方の「関係」を類推に従って考える。それによって私たちの理性にもたらされるのは、つねに制限つきの経験的認識をその領域内で無際限に追求しつつ、「経験の客観的限界」において「それ自身は経験の対象ではないが、すべての経験の最上の根拠であるに相違ないもの」（Ak361、中公176、岩波233）との関係を考えることであり、それ以上ではない。

自然的神学

なお、カントは§59で、このような人間理性の限界設定と「自然的神学」が親和的であることに言及している。神学は啓示神学と理性的神学とに分けられるが、自然的神学は後者に属する。ただし、この神学は、理神論のように理性だけで神を考えるのでなく、世界の自然的秩序や統一に基づいて世界創造者を考えるか（物理神学）、あるいは道徳的秩序や統一をもたらす道徳法則を創始する最高存在者としての神を考える（道徳神学）。カントは『純粋理性批判』で、「自然的神学をも認めるものは有神論者と呼ばれる」（A631／B659）と記しているので、『プロレゴーメナ』のカントは、理性批判を踏まえている限りでの有神論を認めていると見ることもできるだろう。

ここで、あまりにも基本的なことだが、一つの注意をしておこう。『純粋理性批判』においては、彼は神の現存在証明を純粋理性の思弁的使用によって遂行することが不可能であることを論じ切った。しかし、彼は、神が存在しないことを証明したわけではない。いわんや、神が存在しないと主張したわけでもない。むしろ、『プロレゴーメナ』では、神の現存在証明の不可能にかんする記述がすっかり省略されていて、自然的神学を純粋理性の限界上の神学と認めるなど、キリスト教世界に親和的な記述が行われている。それが何を意味するかを語ることは、憶測の域を出ないので、ここでは控えよう。

三 理性の実践的使用に向けて(§60)

第三部は、人間理性に形而上学を可能にする自然素質があることを明らかにし、しかもその自然素質を無批判のまま制御しないと、人間理性が弁証論的な仮象によって誤謬へと私たちを導くことを明らかにした。これは困ったことである。自然は、どうしてこうした困った素質を人間にもたらしたのだろうか。カントは、ここで自然目的論的な思考法を導入する。これは、自然に内在するすべては何かのためにあると考えてみる思考法である。だから、超越論的理念を考える人間理性の素質も、何かのために存在するに相違ない、と。カントは§60で、こうした思考法に基づく探求が「たんなる推測」（Ak362、中公178、岩波235）に過ぎないとしつつも、それを遂行する。それによって、カントは理性の実践的使用への展望を拓くのである。

実践的原理のための領域

人間理性の自然素質は超越論的理念を導出する。私たちはそれによって、感性の及ばない領域を考える可能性に気づく。その領域は、私たちを経験に依存した自然の考察から解放する。もちろんそれは、旧来の思弁的な形而上学を展開するためにではない。そうではなく、道徳的意図をもって、理性を実践的に使用するためにである。言い換えれば、普遍性をもった〈あるべき〉行為を考えるためにである。ここで〈あるべき〉行為とは、個別の目的を実現するために適切な技術を選択するような、目的合理的な技術的なものではない。あくまで、道徳的に〈あるべき〉行為である。

さて、私たちは、超越論的理念として、心理学的理念（魂）、宇宙論的理念（世界）、神学的理念（神）が体系的に導出されたことを見てきた。私たちがこれらの理念を客観的に規定できないことはすでに明らかだが、それを考えることには意義があると、カントは指摘する。私たちは心理学的理念において、経験によって規定できない「魂」を考える。これによって経験的認識に制限があることを自覚することで、私たちは唯物論から解放される。なぜなら、唯物論だけでは自然を説明できず、むしろ自然の説明には「私は考える」という統覚の自発的なはたらきが必要だからである。そもそも、統覚の自発性は唯物論では説明できないのである。次に、宇宙論的理念によって、私たちは可能な自然認識では世界をとらえ切ることができないことを知る。自然認識にはつねに制限があるからである。これによって私たちは、自然はそれだけで十分であるとする（したがって、自由を認めない）自然主義から解放される。さらに、神学的理念によって私たちは、第一に、すべては偶然であり他の何ものかに依存していると考えるタイプの宿命論から解放される。同時に、神学的理念が理念に過ぎないことを踏まえることで、すべてを第一原因としての神による結果と考えるタイプの宿命論からも解放される。

このように、超越論的理念は、私たちに積極的に何かを教えるためにではないにせよ、それでも、唯物論、自然主義、宿命論という、厚かましくも理性の領野を狭める主張を廃棄し、それによって思弁の領野の外に道徳的諸理念のための余地を作ることに役立つのである。そして、このことが、あの自然素質をなにほどか説明するだろうと、私には思われる。（Ak363、中公180、岩波237）

この引用文における、「唯物論、自然主義、宿命論」を廃棄することによって道徳的諸理念のための余地を確保するという主張は、『純粋理性批判』第二版への序文における有名な一文、「私は、信仰のために場所を得るために、知を廃棄しなければならなかった」（B XXX）に相当する。道徳的意図にとって何より重要なのは、超越論的理念としての自由を考える可能性が確保されたことである。そこへと私たちを導いていったというところに、理念を考える人間理性の自然素質における「自然の目的」をカントは見いだしていると言ってよいだろう。理性が理念を考えるおかげで、私たちは道徳を可能にする自由を見失わずに済んだのである。

なお、カントは、§60の末尾近くで、「純粋理性という源泉」において「形而上学における理性の思弁的使用と道徳における理性の実践的使用とが必然的に統一をもたねばならない」（Ak 363―364、中公180、岩波238）と記している。これは、純粋理性の思弁的使用と実践的使用が存在するのであり、思弁的理性と実践的理性という二つの理性が存在するのではないことを示唆している。実際、カントは『道徳形而上学の基礎づけ』の序文で「究極的には、一にして同一の理性が存在し得るのであり、その理性がたんに適用において区別されねばならないのである」と記している。このような理性の統一を語り出すことが、カント哲学の今後の課題として意識されているのである。

『純粋理性批判』における思索の態度

第三部の末尾でカントは再び、理念の統制的使用に言及しつつ、そこに一つの注を付している。『純粋理性批判』にかんする印象的な一文なので、私たちもそれを引用しつつ、本章を閉じよう。

『批判』を通して私がつねに変わらざる心構えとしたのは、純粋理性の本性の探求を完璧なものにし得るようなものは、それがどれほど深く隠されていようと、何ものもなおざりにしない、ということである。（Ak 364、中公222、岩波239）

カントは、自身が『純粋理性批判』において純粋理性の本性にかかわることを、なに一つとしてなおざりにしなかったという自負をここで表明している。私たちも同書の体系性と粘り強い論述に接するなら、こうした自負がけっして過剰なものでないことを理解することができる。このような一文によって私たちは、『プロレゴーメナ』が『純粋理性批判』を擁護するために執筆されたことを思い出すことができるだろう。

第八章

カント自身の「答え」を確認する

『プロレゴーメナ』では本論部分の後に「プロレゴーメナの一般的問題〈いかにして学問としての形而上学は可能か〉の解決」（以下、「解決」と略す）と「付録」が続いている。この箇所は同書冒頭におかれた「序文」や「緒言」の内容に対応していて、カント自身が『純粋理性批判』で成し遂げたことへの自負と同書に対する無理解に向けられた憤り（いきどお）もまたここで反復されている。その点で、この箇所においてカント哲学を理解するための新しい道具立てが提示されるわけではない。私たちは、「学問として現れ得るだろう、あらゆる将来の形而上学」に向けて、カントがどのように『プロレゴーメナ』を閉じるのかを見極めよう。

一　いかにして学問としての形而上学は可能か

『プロレゴーメナ』の第三部（あるいは、『純粋理性批判』の「超越論的弁証論」）では、人間理性がいかにしてその本性上、あるいは自然素質に基づいて形而上学的問題を考えるかが明らかにされた。同時に、そうして構想され主張された形而上学的主張がどのような仮象をもたらすかも暴き出された。人間理性には形而上学の素質はあるが、放任しておくと暴走する。では何が必要か。それは言うまでもなく「理性の批判」である。

『純粋理性批判』という答え

では「理性の批判」とは何をすることか。「解決」におけるカントの記述によれば、それは、第一に、感性、悟性、理性をア・プリオリな認識の異なった源泉として明らかにすること（本書の第三章、第四章、第六章を参照）、第二に、純粋悟性概念（カテゴリー）を完全に導出し、それを正当化（演繹）することでア・プリオリな総合的認識の可能性を明らかにすること（本書の第四章を参照）、第三に、純粋悟性概念を使用する際の諸原則を明らかにし（本書の第四章、第五章を参照）、第四に、その使用の限界を確定すること（本書の第七章を参照）である。しかも、これらすべてを体系的に行うことである。要するに、これらは『純粋理性批判』でカント自身が行ったことである。だからこそ、彼は次のように断言する。

したがって、「批判」が、そしてひとえにこの「批判」だけが、よく吟味され確証された計画の全体を、それどころか〔計画を〕遂行するための手段のすべてを含んでいるのであり、この計画と手段によって、学問としての形而上学は成立し得るのである。他の方途と手段によっては、学問としての形而上学は不可能である。（Ak365、中公183、岩波242）

この引用文における「批判」は著作としての『純粋理性批判』に置き換えることができる。すると、「いかにして学問としての形而上学は可能か」という問いに対する答えは、『純粋理性批判』に含まれた計画と手段によって、ということになるだろう。カントは、他の手段では「学問としての形而上学は不可能である」とまで念押ししている。ここに表現された自負をどう受け止めるかは読者次第である。ともあれ、学問としての形而上学が『純粋理性批判』によって可能になるなら、次に私たちは、それをどのようにして学問として前進させるかを考えなければならない。

学問の前進と形而上学

ここで学問の前進ということでカントがどのような状態を考えているかに触れておこう。彼は、同時代の数学や自然科学が前進しているにもかかわらず、形而上学には足踏みが見られるのみであり、形而上学者たちは協力でなく闘争に明け暮れていて、そうした闘争状態に周囲の人々はあきれ果て、結果として形而上学に対する無関心が惹起(じゃっき)されていると見ている。これは、『純粋理性批判』の初版序文や第二版序文に見られる状況認識であり、それは『プロレゴーメナ』にも共通している。そこから推察できるのは、どうやらカントにとって学問が前進している状態とは、学者たちが共通の目的に向かって協力し合える状態のことだということである。『純粋理性批判』は、そうした状態を実現できる画期的な著作として位置づけられる。次の引用文には、同書の画期的な性格が表現されている。

「批判」の通常の学校形而上学に対する関係は、ちょうど化学の錬金術に対する関係、あるいは天文学の予言的占星術に対する関係と同様である。私は次のことを保証する。「批判」の諸原則を、この『プロレゴーメナ』においてだけにせよ、考え抜き把握した人が、いつか再びかの古い詭弁(きべん)的な偽(にせ)学問に戻ることはないだろう。むしろ、そうした人は、何ほどかの喜びをもって形而上学を見やるだろう。そこに見られた形而上学は、いまやたしかに当人の手中にあり、もはやいかなる予備的な発見も必要とせず、はじめて理性に持続的な満足をもたらし得るものである。(Ak366、中公183―184、岩波243)

独断論的な学校形而上学はその崩壊の時期を迎え、世間は形而上学に無関心である。この時期にあって『純粋理性批判』は、形而上学をあらたに学問として再生させる。同書はそのための萌芽を含みもっている。加えて言えば、浩瀚で難解な『純粋理性批判』を読んでいなくとも、せめて『プロレゴーメナ』だけでも通読し、そこに掲げられた〈問い〉を考え抜いた人は、もはやけっして「古い詭弁的な偽学問」すなわち独断論的形而上学に後戻りしない。これこそ形而上学の学問としての前進である。そうした人は、あらかじめ概念分析に注力して何かを発見することなど必要とせず、理性の関心に基づいて形而上学に参加するであろう。なにしろ形而上学への関心は、理性をもった人間には払拭しがたいものだからである。

蓋然性・憶測・常識と形而上学

カントは、形而上学を再生させるという。しかも、今度は学問として。これは裏返して言えば、これまで学問としての形而上学は存在しなかったということである。それは学問ではない。そこに知識の拡張がないからである。普遍的な知識を拡張するためには、ア・プリオリな総合的命題が可能でなければならない。しかし、私たちがすでに見てきたように、それがいかにして可能かを明らかにすることは、同時に、学校形而上学の不可能を証明することに他ならない。やはり、形而上学は存在しなかったのである。カントは、このような自身の挑発的な主張に対して、二方面から反論が加えられることを予想し、それに対して、あらかじめ防御の姿勢をとっている。反論の第一は、「蓋然性と憶測」に基づくものであり、第二は「常識」に基づくものである。

形而上学を「蓋然性と憶測」によって基礎づけることは可能だろうか。私たちは、実際、算術において蓋然性（確からしさ）を論じているし、経験において、たとえば明日の天気を憶測している。しかし、ア・プリオリな総合的命題からなる形而上学を、蓋然性で基礎づけることなど不可能である。なぜなら、ア・プリオリとは普遍性と必然性をメルクマールにするものであり、それを蓋然性で根拠づけようとすることはナンセンスだからである。むしろ、数学の方が、ア・プリオリな総合的命題が可能であることによって成立しているのであり、その数学において蓋然性が算出されているのである。同様に、なるほど私たちは経験世界の自然科学において類推によって憶測を語るが、しかし、そうした経験的な自然科学は純粋自然科学によって、そして純粋自然科学はア・プリオリな総合的命題によって、可能になる。したがって、憶測が形而上学の可能性を保証することはないのである。

次に、常識を引き合いに出して、可能な経験の領域の外部でもそれが妥当すると主張する立場がある。こうした主張に対して、カントは「そもそも常識とは何か」という問いを発し、それが、正しく判断する限りの「普通の悟性」であると答える。これは、英語でいうところの「常識」すなわち「コモン・センス（common sense）」が、一般にドイツ語では der gemeine Verstand（普通の悟性）」と表現されることからも理解できる。そこで、カントは悟性を二つに分ける。「普通の悟性」と「思弁的な悟性」である。

たしかに私たちは「普通の悟性」を手掛かりにすることがある。これはカントに言わせれば「規則を具体的に認識し使用する能力」（Ak369、中公190、岩波250）である。たとえば、夏に気温がきわめて高い場合、私たちは熱中症の危険を理解する。そして、高温の中にもかかわらず運動会をするのは非常識だと判断する。このように常識は、経験によってその有効性が具体的に確かめられている範囲では、使用することの可能なものである。言い換えれば、常識が頼りになるのは、経験がそれを保証している限りに過ぎない。しかし、ことがらが具体性を離れて抽象性や普遍性を志向する場合はどうだろうか。そこで働くのは「普通の悟性」ではなく「思弁的な悟性」である。カント自身は、こうした悟性を視野に入れて、認識論を構築したのだが、それは同時に、こうした悟性であっても可能な経験の領域でしか正しく使用できないことを明らかにすることだった。

こうしてみると、「普通の悟性」を頼りにして学問としての形而上学を行うことは不可能であり、その悟性を「思弁的な悟性」にすり替えてみても、やはり形而上学は不可能であることが分かる。そもそも、第三部で明らかになったように、形而上学を遂行するのは純粋理性である。したがって、「純粋理性の思弁的な学問としての形而上学」(Ak371、中公192、岩波253)が常識によって基礎づけられることはないのである。

学問としての形而上学

以上の、蓋然性と常識にかんする議論を踏まえて、カントは、「解決」を次のように終えている。

（前略）形而上学は学問でなければならない。しかも、全体としてのみならず、そのあらゆる部分において、学問でなければならない。さもなければ、形而上学は何ものでもない。なぜなら、形而上学は、純粋理性の思弁としては、普遍的な洞察以外にはいかなる拠りどころももたないからである。しかし、形而上学の外では、蓋然性も常識も十分に有効かつ正当に使用され得る。もっとも、そうした使用はまったく固有の原則に従うことになるが。その原則とは、その重点がつねに実践的なことへの関係に依存しているような原則である。

これが、私が学問としての形而上学の可能性のために正当に要求してよいと見なすことである。（Ak 371、中公192－193、岩波253－254）

形而上学は徹頭徹尾、学問でなければならない。そのどの部分においても、蓋然性や常識を頼りにしてはならない。形而上学は「普通」ではなく「普遍的」な洞察だけを拠りどころにするものなのである。しかし、「純粋理性の思弁」としての形而上学の外部で、実践的なものとの関係においては、蓋然性も常識も頼りになるものではある。つまり、抽象的な規則に向けて問い進むような場面ではなく、何があるべきか、何が行われるべきかを考える場合には、蓋然性にも常識にも有効性が認められるのである。

カントのこのような締めくくり方は、彼の哲学の全体像からすると、いささか不十分なものに見える。というのは、彼には思弁的形而上学のほかに実践的形而上学の構想も存在するからである。この引用文を表面的に真に受けると、カントがこのあと展開していく実践的形而上学が常識や蓋然性を頼りにするものと受け取られてしまいかねない。カントは、『純粋理性批判』を執筆するよりずっと以前から「道徳形而上学」の構想をもっていた。それは一七六五年のヨハン・ハインリヒ・ランベルト（Johann Heinrich Lambert, 1728–1777）宛書簡からも、一七六七年のヨハン・ゴットフリート・フォン・ヘルダー（Johann Gottfried von Herder, 1744–1803）宛書簡からも分かる。実際、彼は一七八五年に『道徳形而上学の基礎づけ』を、さらに晩年の一七九七年には、まさに『道徳形而上学』という書名の著作を刊行している。これらの著作は常識を手掛かりに議論を進行させる場面はあっても、それに依拠するものではない。このことは、誤解のないように付言しておきたい。

ただし、当時のカント自身にもなお、実践的形而上学を前面に押し出すことについて、それを躊躇する理由があった。それは、実践の領域においてア・プリオリな総合的命題がいかにして可能か、という問いに対する態度が定まっていなかったことである。この問題は、『純粋理性批判』第二版と『実践理性批判』とを執筆する時期になってようやく決着をみる。その様子は、前者の序文や後者の「純粋実践理性の分析論」第一章に表現されている。ともあれ、学問としての思弁的形而上学の可能性をめぐる問題は、『純粋理性批判』の刊行をもって解決したのである。

二　「付録」から『純粋理性批判』との向き合い方を学ぶ

『プロレゴーメナ』全体の末尾には、「付録　学問としての形而上学を実現するために生じうることについて」が置かれている。この「付録」は三つの部分からなるが、特にその第二の部分は、カントに『プロレゴーメナ』執筆のきっかけを与えることになった、ある『純粋理性批判』書評に向けられている。

研究してから判断しよう

「付録」の第一の部分では、学問としての形而上学を可能にするために執筆された『純粋理性批判』をめぐって存在する、二つの態度が対比される。第一の態度は、「研究に先行する判断」と表現される。この態度をとる人は、切り縮めて言えば、『純粋理性批判』をしっかり読みもせず、そのあらすじをたどるだけで判断してしまう。カントは、仮に既存の形而上学が議論の余地なく確実なものであるとしたら、そうした態度もあり得るとする。しかし、彼の見るところ、形而上学はそうした確実さを備えていない。したがって、この第一の態度は採用できない。

とはいえ、この第一の態度は、二十一世紀の今日でも散見される。それどころか、現代人には、インターネットなどを介して与えられる情報が莫大であるがゆえに、読まずに判断できれば楽なのに、という願望が芽生えていないだろうか。そうした態度をとるとしたら、ひとは他人の判断に身をゆだねるか、自分にとって既知のことが不変の真理であると無批判に前提していることになる。どちらも理性的な態度とは言えない。

さて、第二の態度は、「研究に後続する判断」と表現される。この態度をとる人は、場合によっては研究の結果が自分の既存の知識を揺るがすことになるかもしれないと覚悟しつつ、まずは『純粋理性批判』の結論がどのような根拠に基づいているかを研究する。言うまでもなく、これがカントが推奨し要求する態度である。カントのまとめを引用しておこう。

こうして、第一の仕方で判断することは成立し得ない。むしろ、「批判」の諸原則の研究が、その価値あるいは無価値にかんする一切の判断に先行しなければならない。（Ak372、中公195、岩波256）

「研究に先行する判断」の実例——憤慨するカント

「付録」の第二の部分には、「『批判』についての、研究に先行する判断の見本」（Ak 372、中公195、岩波257）という表題が掲げられている。カントは、自身が否定する態度である「研究に先行する判断」のサンプルを、一七八二年一月の『ゲッティンゲン学報』付録に掲載された『純粋理性批判』書評に見いだしたことを報告する。この書評は匿名で発表された。何よりカントはそれが気に入らない。やがて、この書評の関係者としてクリスティアン・ガルヴェが名乗り出る。『プロレゴーメナ』を読んだからである。それは一七八三年七月のカント宛書簡においてである。そこで明らかにされるのは、ガルヴェはたしかに当該の書評の元になる原稿を執筆したものの、それは大幅に切り縮められ部分的にしか採用されていないこと、そうした編集を行い他の部分を執筆したのがゲッティンゲン大学のヨハン・G・H・フェーダー（Johann Georg Heinrich Feder, 1740–1821）であること、である。カントは、同年八月にガルヴェ宛に書簡を出す。そこには、書評そのものに対して憤慨を表明しつつも、ガルヴェと和解するカントが見られる。

問題の書評は今日でも容易に読むことができる。これは、表面的に見れば、『純粋理性批判』の全体をそれなりに概観し、いくつかの箇所に評者の寸評がはさまれるような、どこにでもありそうな書評である。しかし、カントは、八月のガルヴェ宛書簡によれば、この書評に「はじめからおわりまであまりに思いあがった軽蔑と尊大のトーン」を感じ取っている。どうしてだろうか。この点について『プロレゴーメナ』を検討してきた私たちには思い当たることがある。それは、この書評では「いかにしてア・プリオリな総合的判断は可能か」という、『純粋理性批判』における最重要の〈問い〉がまったく言及されていないことである。いかに全体を概観しても、評者はそれを貫く〈問い〉を共有していない。したがって、評者は、カントが結論として述べたことは見渡しても、その根拠について自分で研究していないのである。カント自身、この点に言及している（Ak377、中公202、岩波266）。

「超越的観念論」だって？

『プロレゴーメナ』では、この問題に先んじて「超越論的観念論」という表現が問題になる。すでに私たちは本書第三章で、カントが同書でこの表現を改めて、みずからの立場を「批判的観念論」と呼んだことを見たが、この名称変更も件の書評に由来するのである。怒りのこもったカントの文章を引用しよう。

ともあれ評者は、そこから彼が最も容易に著者〔カント〕にとって不利な仕方で作品全体を見渡すことができる視点を得て、なにか特別な研究に骨を折る必要がなくなるように、次のように言うことでもって始め、また終わっている。すなわち、「この作品は超越的（あるいは、評者がそう言い換えているように、より高次の）観念論の体系である」、と。（Ak373、中公197、岩波258―259）

評者は『純粋理性批判』をまるめて「超越的観念論の体系」と理解した。私たちは、カントがみずからの立場に「超越的」という言葉を冠することなどあり得ないことを知っている。（実は、評者はtransscentellという単語を使用し、transzendentとは書いていない。カントは前者の単語は、transzendental〔超越論的〕と使い分けない限り、後者と同じだと判断したのだろう。）なにしろ、それは理性の、採用してはならない振舞いを指すものだから。これでは、カントがせっかく苦心して使い分けた「超越論的」と「超越的」との区別が無視されてしまう。それだけではない。「超越的」な主張を行う立場は、カントに言わせれば「独断論的」な立場である。すると、カントの立場が独断論的観念論だということになってしまい、カントは独断論的で一面的な観念論者だということになる。「超越論的」は、経験認識の可能性のア・プリオリな条件にかかわる単語なのだから、カントの立場は経験を離れないはずのものなのに。

ここまでの無理解にさらされて、カントはみずからの「観念論」をいま一度、説明する。

エレア学派からバークリ僧正に至るまで、一切の真正の観念論者の命題は、次のような定式の内に含まれる。「感官と経験によるすべての認識は、まったくの仮象に他ならない。そして、純粋な悟性と理性の諸理念の内にのみ真理はある。」

これに対して、私の観念論を徹頭徹尾、支配し規定している原則はこうである。「たんなる純粋悟性や純粋理性に基づく物の認識はすべて、まったくの仮象に他ならない。そして、経験の内にのみ真理はある。」（Ak374、中公198、岩波260）

ここでカントは、古代ギリシアのエレア学派（アキレウスと亀のパラドックスで有名なゼノンを含む）から、近代アイルランドの哲学者で『人知原理論』（一七一〇年）の著者、バークリに至るまでの観念論とみずからの立場が正反対であることを明瞭に描き出している。たとえば、バークリは、経験を懐疑の対象とし、経験に真理の基準があることを認めなかった。彼にとって、現象は仮象に過ぎなかったのである。他方、カントは、可能な経験の範囲を超えた認識の不可能を論じ、「経験の内に真理」を認めた。これは、彼が、経験を可能にする感性のア・プリオリな条件として空間や時間を取りだしたことで実現した。彼の立場において現象は、この普遍的な条件に従っているものであるから、けっして仮象ではない。このようにカントの観念論は、バークりらの観念論と同一視されてよいものではない。しかし、「超越論的」と「超越的」の区別にさえ関心を払わない読者（評者）の存在に直面し、カントは「超越論的観念論」という表現を「批判的観念論」と改めたのである（本書の第三章を参照）。

〈問い〉の共有

さらに言えば、評者による件の同一視は、カントが形而上学の前進について抱いている自負を無にするものである。なぜなら、現象を仮象と見なすような立場からは、ア・プリオリな総合的判断の可能性が把握できないからである。評者は、「いかにして形而上学は可能か」という〈問い〉をカントと共有することなく、自分の既存の知識で『純粋理性批判』を評価してしまったのである。そこにカントは「軽蔑と尊大のトーン」を感じ取ったのであろう。ここから私たちは、哲学書を読む際に必要な一般的態度を取りだすことができるだろう。目の前の難解な哲学的文章を理解するために、私たちはまずその文章を書いた筆者の〈問い〉を理解しなくてはならない。そして、その文章を件の〈問い〉に対する筆者自身の〈答え〉として読むことが大切である。そのためには、なによりも筆者の〈問い〉を共有する努力が必要なのである。

憤っているカント自身は、評者に向けてもっと直接的な要求をする。評者にとって形而上学に欠かせない原則（たとえば、実体の持続性の原則）について、それがア・プリオリな原則であることを自分で証明してみよ、と。それができないなら『純粋理性批判』を、判断に先行して研究する必要が承認されねばならない。さらには、彼が二律背反で提示した、四対からなる八つの命題の一つを、証明しなくてよいから正しいものとして承認せよ、それに対して、彼自身がその反対命題を必ず証明して見せるから、と。そこには必ず「二律背反」が表れるから、私たちはそうした理性の弁証論的な自己矛盾を解決すべく、人間理性の批判を始めなければならない。カントが評者に求めるのは、このようにあくまで〈問い〉の共有なのである。

「研究に後続する判断」のために

「付録」の第三の部分には、「判断が後続できる、『批判』研究のための提案」（Ak380、中公207、岩波272）という表題が掲げられている。ここでは、カントが推奨する態度、すなわち、まず『純粋理性批判』を研究してから判断を下すという態度について述べられている。その冒頭では、一七八二年八月に『ゴータ学報』に掲載された書評が実例として挙げられている。それが超越論的感性論の平易でごまかしのない紹介になっているからである。

しかし、カントは『純粋理性批判』の慎重な研究を要求するだけではない。むしろ、それとともに『プロレゴーメナ』(一七八三年)を活用することを提案する。

ここで私は提案する。〔『純粋理性批判』という〕広大な建造物を慌ただしい見積もりでただちに全体として判断することは不可能なので、この建造物の基礎から一部分ずつ吟味すること、そしてその際、この『プロレゴーメナ』を全般的な見取り図として使用すること、を。あの作品〔『純粋理性批判』〕はこの見取り図と必要に応じて比較することができるからである。(Ak 380、中公207─208、岩波273)

『純粋理性批判』は「広大な建造物」である。それは多くの部分からなっているので、基礎から各部分を一つ一つ吟味していかねばならない。しかし、そうした作業は往々にして木を見て森を見ず、という事態を招く。そこで、カントは『プロレゴーメナ』を「見取り図」として使用することを提案する。『プロレゴーメナ』を片手に持って『純粋理性批判』という森に入れば、私たちが自分の位置を見失うことはない。

カントの時代、思弁的哲学あるいは形而上学が崩壊しようとしている。この時代は、同時に「啓蒙の時代」である。啓蒙運動において、理性は、政治的・宗教的な権威を妄信することなく、それに対して批判を加える。そして悟性に向かって呼びかける。「自分で考える勇気をもて」と。

さらに、理性は理性自身に対しても批判を加える。理性はみずからの使命に忠実であるか、理性は理性自身を満足させているか、畢竟、理性は理を通して考え抜いているか、と。理性はここに形而上学への払拭しがたい関心を見いだす。そこで、人々が、「ますますみずからを啓蒙する理性」によって、学問としての形而上学への「共同の関心」のために、協力する(Ak 380—381、中公208、岩波273—274)。カントは、このような将来にわたる学問としての形而上学の姿を予想している。そのための手掛かりの一つが『プロレゴーメナ』なのである。

『純粋理性批判』初版へのカントの思い

ただし、『プロレゴーメナ』は、それを執筆した時期のカントにとって、『純粋理性批判』の「見取り図」以上の価値をもっている。それが次の引用文から分かる。

私はこの『プロレゴーメナ』を研究の計画図と手引きとして推奨する。あの作品〔『純粋理性批判』〕そのものを、ではない。なぜなら、たしかに私はあの作品に、内容、配列、叙述方法について、さらには、あらゆる文を記す前に、それを厳密に熟考・吟味するために行った配慮について、いまでもまったく満足しているが、(中略)それでも〔超越論的〕原理論のいくつかの章における自分の論述に、たとえば、悟性概念の演繹の論述や純粋理性の誤謬推理の論述に完全には満足していないからである。それらの論述においては、その回りくどさが判明性を妨げているからである。そうした回りくどい論述に代えて、それらの章についてこの『プロレゴーメナ』で述べられたことが、吟味の基礎とされてよい。(Ak381、中公209、岩波275)

『純粋理性批判』初版には、カント自身が満足していない箇所が残されている。彼にとってそれは、「回りくどさ」の問題であり思想内容の問題ではないが。実際、カントは『純粋理性批判』第二版(一七八七年)において、「超越論的分析論」では「純粋悟性概念の超越論的演繹について」を、「超越論的弁証論」では「純粋理性の誤謬推理について」を大幅に書き改めている。彼は、そうした改訂の必要性をすでに『プロレゴーメナ』執筆時に意識していたのである。むしろ、『プロレゴーメナ』の方が回りくどくない分、人々が形而上学をともに研究する際にそれを「計画図と手引き」として使用できるのである。

なお、カントは、形而上学は経験的諸学問と異なり無限に進歩するようなものではないと考えている。なぜなら、それは経験的なものから完全に分離され、理性だけを起源とするものだからである。ひとたび、この理性の本性に基づいて形而上学が体系として完成すれば、それは、後からさまざまな発見によって増大したり変化したりすることのない「持続的な状態」(Ak382、中公210、岩波276)に至ることができる。そのためには、まずは独断論的形而上学の批判が、そして理性自身の批判が行われなくてはならない。そうした批判が、私たちに「真の哲学的精神を吹き込む」(Ak383、中公212、岩波278)のである。

理性批判と神学

カントは『プロレゴーメナ』全体の末尾において、再び、神学に言及する。そして、神学に対しても批判が効用をもつことを指摘する。というのは、神学が独断論的思弁に依存しているとするなら、それはそれで反対者からの攻撃の対象となるであろうが、批判によって独断を離れることができていれば、そうした攻撃からは安全でいられるからである。翻って、従来の独断論的な形而上学は、神学を守るという構えをもちつつも、みずからの独断論的な思弁によって、経験の範囲を超えた思弁的認識を主張する「狂信」を招来することで、かえって神学を攻撃にさらすことになってきた。以下が、『プロレゴーメナ』全体の最後の文である。(ここでは複数の文に分けて訳すが、原文は一文で書かれている。)

狂信は、啓蒙された時代には現れ得ないものである。それはただ学校形而上学の後ろに隠れている場合にのみ現れることができる。狂信は学校形而上学の庇護の下で、いわば理性でもって暴れまわるようなことをあえてできるのである。こうした狂信は批判哲学によって、その最後の隠れ家から追い払われる。だから、形而上学の教師にとって何にも増して重要になり得るのは、まずは全面的な賛成をもって次のように言えることである。すなわち、形而上学の教師が論述することは、この時代にあってようやく学問になったと、また、それによって公共体に現実の効用がもたらされるのだ、と。（Ak 383、中公212—213、岩波278—279）

カントにとって「啓蒙された時代」はいまだ実現していない。それは、『プロレゴーメナ』刊行後、一七八四年に発表された論文「啓蒙とは何か、という問いへの回答」で、彼がみずからの時代を「啓蒙された時代」ではなく「啓蒙の時代」であると記していることからも分かる。啓蒙は、一つの潮流として継続中なのである。カントの批判哲学もそれとともにある。カントの時代、いまだ独断論的な学校形而上学が存在しているが、それは批判によって駆逐されるだろう。同様に、カントの同時代にはなお学校形而上学を隠れ家として存在している狂信も、批判によって隠れ家を失い消滅するだろう。もちろん、それによって宗教信仰が棄損されるわけではない。むしろ、その場が正当に確保されるはずである。学問としての形而上学を確立することには、そのような意味での、人間社会に対する効用も認められるのである。

なにより重要なのは、形而上学を学問として立ち上げることである。それは形而上学の生徒ではなく教師が行うことである。教師とは、第一章で確認したように、形而上学を、他人から習うのでなく、「理性の源泉そのものから汲み出そう」とする人のことである。この営みによってこそ形而上学は学問になる。私たちは、ここで『プロレゴーメナ』という著作がもっている名称が、『学問として現れ得るだろう、あらゆる将来の形而上学のためのプロレゴーメナ』であることを想起しよう。カントの議論は、理性批判によって、形而上学が「学問として現れ得る」ことを明らかにしようとするものだったのである。

おわりに

「カント哲学を学びたいなら、まず『プロレゴーメナ』を読みなさい。」

本文中にも記したことだが、これは、著者がカント哲学を学ぶことを志して上京した際に、後に大学院における指導教員になる先生からいただいた言葉である。十八歳ではじめて同書に接した著者が大学で教員として演習を担当するようになったとき、最初に取り上げたのも同書だった。批判哲学者カントの主著が『純粋理性批判』であり、それにアプローチするための最良の道を示すのが『プロレゴーメナ』であるという評価は一貫して変わることがない。

しかし、あらためて『プロレゴーメナ』の翻訳を手に取ってみると、これはこれで読みづらいものであることに気づく。十八歳のころ、自分が読んで分かったつもりになれたことが不思議なくらいである。けっして既存の訳書が悪いのではない。訳書は、その訳文がたいへん周到に作られたものであっても、固有の難しさをはらんでしまうものである。特に、哲学書のように固有の概念装置を備えた書物の場合、その概念を正確に訳文に反映しようとするなら、読解の難しさは倍増する。では、さまざまな概念を正確に翻訳することを断念することで表面的に分かりやすくすればよいかと言えば、そうではない。それでは哲学が死んでしまう。哲学は概念で生きているからである。

著者は本書に先んじて『自分で考える勇気――カント哲学入門』（岩波書店、二〇一五年）という書物を上梓した。これは、カントの哲学にほんのわずかでも関心を抱き始めた若者に向けて、その可能な限り平易な入門書を提供すべく執筆したものである。至らないところも多々あるが、筆者としてはできる限りかみ砕いた表現を心掛けた。しかし、同時に、次のことを考えたのも事実である。仮にこの入門書を介してカント哲学に強い関心を抱く人がいたとして、その人がカント自身の著作の翻訳を手にしたとしたら、どうだろう。入門書と訳書とのあいだにあまりに大きな相違を見いだし、悪くすると、訳書を読解する意欲を喪失してしまうのではないか、と。

私たちは中等教育段階で、日本の古典を読解する術を学んできた。その際、古典の原文と並んでその翻訳と解説が付された書物たちがたいへん役に立った。実はそうした書物が、現代に生きる若者と古典とのあいだに横たわる深い溝を埋める役割を果たしてきたのではないだろうか。そこで翻って考えてみるなら、私たちは、西洋哲学においても同様の書物が十分に準備されてきたと言えるだろうか。著者にはその点がこころもとなく思われる。この状態を放置するなら、西洋哲学の古典への関心、特に、カント哲学のように読解に労力を要する古典への関心は衰えていってしまうのではないだろうか。ここに、本書の執筆意図がある。

そこで本書では、カント自身によって『純粋理性批判』の「見取り図」を提供すべく執筆された『プロレゴーメナ』について、その解説を豊富な引用文（訳文）とともに提供することを試みた。最初は、解説が主であり引用文が従の位置を占める。しかし、読み進むうちに引用文が主の位置を占める場面も増えてくる。読み進むことで、カントの概念と文章に読者が慣れてくると想定しているからである。このように本書を構成することで、読者がカント哲学の核心をつかむことができるように工夫したつもりである。解説においては、できるだけ平易であることを心掛けたが、それが十分であったかどうかは読者の判断にゆだねるしかない。いや、きっと不十分なところもあるだろう。そこを理解すべく、読者が『プロレゴーメナ』そのものを手に取ってくれれば、著者にとってそれは一つの喜びである。

ここで、本書の執筆においていたいへんお世話になった訳業に言及し、敬意とともに感謝の念を記しておきたい。それは、『カント全集　第六巻』（二〇〇六年、岩波書店）に含まれている、久呉高之氏による『プロレゴーメナ』の翻訳ならびに訳注・校訂注・解説である。久呉氏の周到な研究と繊細な作業は、本書の意図するところからするとはるかに高い学問的水準にあるものだが、その水準で得られた知見を学ばせていただくことで、本書の執筆はおおいに助けられた。

本書における引用文は、すべて著者が新たに訳出した。その際に使用した原書は、凡例に示したとおりである。この原書の巻末には、カントに『プロレゴーメナ』を書かせるきっかけの一つを作った「ゲッティンゲン書評」が掲載されている。

さて、本書の執筆に際しては、早稲田大学大学院文学研究科の学生諸君にたいへんお世話になった。授業中に、著者が書きたての原稿を音読し、参加者にその不明な点などを指摘してもらうことで、内容を向上させることができた。参加してくれた大学院生の名前を記し、感謝の念を表したい。中村涼さん、道下拓哉さん、渡邉夏歩さん、阿達佳子さん、尾崎賛美さん、繁田歩さん。このうち、中村さんと道下さんには、執筆のはやい段階から感想を聞かせていただいた。彼女・彼らの支えがあって原稿を最後まで書くことができた。ありがとうございます。

本書を執筆する期間、著者は大学院文学研究科の教務主任を担当していた。その仕事に追われ、なかなか思うような速さで執筆を進められなかった。それにもかかわらず、本書執筆の機会をくださった上に、繰り返し著者の研究室に通って本書を完成に導いてくださった、NHKブックス編集部の倉園哲さんにも、御礼を申し上げたい。ありがとうございます。

やがて二〇二四年にはカント生誕三百年の記念年がくる。そのころ、カント哲学を学ぼうとする人がいっそう増えていることを祈念しつつ。

御子柴　善之

二〇一八年七月二十三日

© Sato Rui

御子柴善之（みこしば・よしゆき）
1961年、長野県伊那市生まれ。長野県伊那北高校在学時に出会ったカント哲学を学ぶために上京し、早稲田大学第一文学部哲学専修卒業。同大大学院博士後期課程満期退学。1992年から93年、ボン大学に留学。現在、早稲田大学文学学術院教授。専門はカント哲学を中心とする西洋近現代哲学。
著書に『自分で考える勇気――カント哲学入門』（岩波ジュニア新書）、『カント 純粋理性批判』（角川選書）、『理性への問い』（共編著、晃洋書房）、訳書に『倫理学入門』（A.ピーパー著、共訳、文化書房博文社）など。

***NHK** BOOKS* 1252

カント哲学の核心
『プロレゴーメナ』から読み解く

2018年 9月20日　第1刷発行
2022年12月30日　第3刷発行

著　者　御子柴善之　
発行者　土井成紀
発行所　NHK出版
東京都渋谷区宇田川町10-3　郵便番号150-0042
電話 0570-009-321（問い合わせ）　0570-000-321（注文）
ホームページ　https://www.nhk-book.co.jp
装幀者　水戸部 功
印　刷　三秀舎・近代美術
製　本　三森製本所

Printed in Japan　ISBN978-4-14-091252-2 C1310

NHK BOOKS

＊宗教・哲学・思想

仏像［完全版］―心とかたち― 望月信成／佐和隆研／梅原 猛
原始仏教―その思想と生活― 中村 元
がんばれ仏教！―お寺ルネサンスの時代― 上田紀行
目覚めよ仏教！―ダライ・ラマとの対話― 上田紀行
ブータン仏教から見た日本仏教 今枝由郎
人類は「宗教」に勝てるか―一神教文明の終焉― 町田宗鳳
現象学入門 竹田青嗣
哲学とは何か 竹田青嗣
ヘーゲル・大人のなりかた 西 研
東京から考える―格差・郊外・ナショナリズム― 東 浩紀／北田暁大
日本的想像力の未来―クール・ジャパノロジーの可能性― 東 浩紀編
ジンメル・つながりの哲学 菅野 仁
科学哲学の冒険―サイエンスの目的と方法をさぐる― 戸田山和久
集中講義！ 日本の現代思想―ポストモダンとは何だったのか― 仲正昌樹
集中講義！ アメリカ現代思想―リベラリズムの冒険― 仲正昌樹
哲学ディベート―〈倫理〉を〈論理〉する― 高橋昌一郎
カント 信じるための哲学―「わたし」から「世界」を考える― 石川輝吉
「かなしみ」の哲学―日本精神史の源をさぐる― 竹内整一
道元の思想―大乗仏教の真髄を読み解く― 頼住光子
詩歌と戦争―白秋と民衆、総力戦への「道」― 中野敏男
ほんとうの構造主義―言語・権力・主体― 出口 顯
「自由」はいかに可能か―社会構想のための哲学― 苫野一徳
弥勒の来た道 立川武蔵
イスラームの深層―「遍在する神」とは何か― 鎌田 繁
マルクス思想の核心―21世紀の社会理論のために― 鈴木 直
カント哲学の核心―『プロレゴーメナ』から読み解く― 御子柴善之
戦後「社会科学」の思想―丸山眞男から新保守主義まで― 森 政稔
はじめてのウィトゲンシュタイン 古田徹也
〈普遍性〉をつくる哲学―「幸福」と「自由」をいかに守るか― 岩内章太郎
ハイデガー『存在と時間』を解き明かす 池田 喬

※在庫品切れの際はご容赦下さい。